노벨상을 창시한 **노벨**Nobel은 1833년 10월 21일 스웨덴 스톡홀름에서 태어났다. 다이너마이트 발명으로 엄청난 거부가 된 노벨은 세상을 떠나기 약 1년 전인 1895년 11월 27일 인류 복지  향상에 크게 이바지한 사람들에게 나누어 주라면서 자신의 전 재산을 스웨덴 과학아카데미에 기부했다.

스웨덴 과학아카데미는 노벨의 유산에서 나오는 이자로 1901년 이래 노벨상을 수여하고 있다. 노벨상은 본래 물리학, 화학, 생리학·의학, 문학, 평화 등 5개 부문이었는데, 스웨덴 국립은행이 창립 300주년을 맞아 별도 기금을 납입하면서 1969년부터 경제학 부문이 추가되었다. 수상자에게 주어지는 상금은 약 13억 원 수준이다.

수상자 선정은 분야별로 주체가 다르다. 물리학상·화학상·경제학상은 스웨덴 왕립 과학아카데미(한림원), 생리학·의학상은 스톡홀름에 있는 카롤린 의학연구소, 문학상은 스웨덴·프랑스·에스파냐의 세 아카데미, 평화상은 노르웨이 국회 선출 5인 위원회가 분담한다. 수상식은 노벨이 1896년 12월 10일 세상을 떠난 것을 기려 매년 12월 10일에 거행된다.

노벨상은 국적, 남녀, 신분 등에 아무런 차별을 두지 않고 분야별로 최고의 업적을 이룬 사람에게 주어진다. 이는 노벨의 유언에 따른 조치이다.

이상일 ▪ 노벨문학상이 발표되던 날

가을이 깊어 가는 쌍십절
문학文學과는 Par 5만큼 먼
새벽 파크볼장 노인들 입에서
한강이란 단어가 툭 튀어나왔다.

"아침에 웬 '한강' 타령?" 하며
무심코 지나다 그제야
한밤중에 터진 노벨문학상의
낭보朗報임을 알았다

수십 년간 해마다 오매불망 고대하며
오르락내리락하던 인물이 아닌
New Face인 한강이란 소설가가
아시아 여성 최초이자 한국의 첫
노벨문학상을 받다니
설마 오보이겠지 하며 의심했다.

얼마나 고대했던가!
오랜 세월 많은 작가가 도전했지만
번번이 실패하고 낙담해 있을 때
기적적 쾌거를 안겨준 상賞 하나

이 상 하나로 한국문학이
세계문학 반열에 오르고
한국 작가도 세계 작가가
될 수 있음이 증명되었다.

이날은 대한민국 역사에 있어
정신문화精神文化의 국격國格을 높인
기념일로 길이 남으리라. (2024.10.10.)

최영 ▮ 제주도 함덕 바다 2

파도가 가을 햇빛을 코트처럼 걸치고 말을 하는 거 같다
지하철을 타고 비행기를 타고
혼잡한 버스를 두 번이나 갈아타고
함덕 바다를 보러 온 것만으로도
쏴아아 쏴아아 착하다 착하다

도덕과 미학을 갖춘 파도에는
조선의 청년들과 소녀들을
더 이상 희생시키지 않으려고 일본과 타협하지 않은
현진건의 마음이 있다.
이상화의 마음이 있다
이육사의 마음이 있다
안중근의 마음이 있다
윤봉길의 마음이 있다

나라를 사랑하는 마음들이 모여서 코트자락 휘날리며
말을 하는 파도를 잘 접어서 내 마음에 넣고 싶다
인종 청소의 전쟁 뉴스를 볼 때마다 꺼내서
펼쳐보고 싶다
쏴아아 ~~ 착하다 ~~

《한강 소설 이해》를 펴내며
노벨문학상 수상을 함께 기뻐합니다

대구 출신 소설가 현진건(1900~1943)은 우리나라 근대문학 초기를 대표하는 민족문학가이자, 일장기말소의거로 고문과 투옥을 겪은 독립유공자입니다. '운수 좋은 날', '고향', '적도' 등 현진건 소설에는 식민지 현실에 대한 깊은 울분이 담겨 있습니다.1)

현진건 초상
(정연지 작)

현진건을 연구·현창하는 일에 성심을 보여 온 '현진건玄鎭健학교' 회원들은 2023년 1월 《빼앗긴 고향》2) 제1호를 발간한 이래 매달 1~2권씩 '현진건, 이상화 등 민족문학 작가와 독립운동가들을 현창'하는 책을 속간해 왔습니다. 《현진건, 100년의 오해(현진건 평전)》, 《일장기를 지워라 1, 2(현진건 주인공 장편소설)》, 《현진건의

---

1) 오마이뉴스 기사 '현진건이 누구인지 상세하게 설명해주는 책'을 참고하시기 바랍니다. https://omn.kr/25tw9
2) 이상화 〈빼앗긴 들에도 봄은 오는가〉와 현진건 〈고향〉의 심상을 합한 제목입니다.

삶과 문학》,《대한제국 의열 독립운동사》,《대구 독립운동유적 120곳 답사여행 1, 2, 3》 등이 주요 저작으로, 정기상 시집《마음으로 빚은 그릇》, 김규원 시집《다 같은 사람인 줄 알았어요》와《마음 떠난 그림자》, 김형근 시집《낙타의 눈물》도 펴내었습니다.

《빼앗긴 고향》은 매호 특집을 꾸며 그 호의 표제로 삼아 왔는데, 이번 호는 '한강 소설 이해'를 특집으로 꾸몄습니다. 그래서 책이름을《한강 소설 이해》로 했고, 한강 작품이 어렵다는 일반 독자들을 위해 그의 대표작이라 할 만한 〈소년이 온다〉,〈작별하지 않는다〉,〈채식주의자〉에 대한 해설을 주된 내용으로 삼았습니다. 또 (해설만이 아니라) 한강 소설과 관련해 창작한 시, 수필, 소설도 수록했습니다. 한강의 문학세계를 이해하는 데 여러모로 도움이 되리라 믿습니다. 현실사회를 문학으로 형상화하는 과제에 정성을 쏟는다는 점에서 한강은 현진건 선생과 같은 '사회소설' 작가로 여겨 무리가 없을 것입니다.

현진건 현창을 목적으로 매달 한 권 이상《빼앗긴 고향》을 속간해온 본뜻 유지를 위해 장편 〈적도〉 연재분과 김미경·김해경의 중문·영문 번역분도 실었습니다. 독자 여러분의 성원을 부탁드립니다.

2025년 1월 1일 정만진

▌한강 소설 이해 차례

노벨상 소개 ▌001
스웨덴은 어떤 나라? ▌176
노벨문학상이 발표되던 날 ▌이상일 002
제주 함덕바다에서 2 ▌최영 004

▧ 글은 왜 쓰는가 <소년이 온다>를 중심으로
<소년이 온다> 줄거리 010
<소년이 온다> 해설 011
사필귀정을 아십니까 ▌김규원 030

▧ 글은 어떻게 쓰는가 <작별하지 않는다>를 중심으로
<작별하지 않는다> 줄거리 032
<작별하지 않는다> 해설 035
<작별하지 않는다>의 설득력을 올려준
추체험, 복선, 암시, 일반화 기법 사례들 062
제주 함덕바다에서 1 외 ▌최영 98
수성못 주모 ▌정만진 102

▧ 소설은 사람에게 무엇인가 <채식주의자>를 중심으로
<채식주의자> 줄거리 114

<채식주의자> 해설 116
자연 외 ▮박지극 139
청소년들에게 소설 읽기를 권장하는 까닭 142

▨ 한강 소설가 **노벨문학상 수상의 의의** 155
한강韓江이 한강漢江의 기적이다 ▮이상일 166
내가 만난 한강 ▮정모기 168
한강 노벨상 기념 문학강연을 듣고 ▮김성순 174

장편소설 <적도>
<적도> ▮현진건 182
<赤道> ▮김미경 187
<Red Road> ▮김해경 191

한강 "문학은 끊임없이 타인의 내면으로 들어가고, 또 그런 과정에서 자기 내면에 깊게 파고들어가는 행위여서 그런 행위를 반복하면서 내적인 힘이 생긴다", "문학은 우리에게 여분의 것이 아니라 꼭 필요한 것".

글은 왜 쓰는가
한강 소설 <소년이 온다>를 중심으로

[노벨문학상 심사위원회]
역사의 상처trauma에 맞서고
삶의 연약함을 드러낸
강렬한 시적 산문

[노벨상위원회 안나 카린 팜 위원]
"한강의 소설을 모르는 독자는 <소년이 온다>부터 읽어야 한다. 살아있는 자와 죽은 자는 언제나 얽혀 있으며, 이런 사건(광주 민주와 운동)의 상처trauma는 여러 세대에 걸쳐 남게 된다는 것을 보여준다.

[줄거리]
중3 동호는 1980년 5월 함께 손을 잡고 가던 친구 정대가 총격에 맞아 쓰러지는 것을 두 눈으로 직접 목격한다. 그러나 겁에 질려 구하러 나서지 못한다. 결국 정대의 시신이 어디로 갔는지 그 행방을 모르게 된다. "그러

고도 네가 친구냐? 그러고도 네가 사람이냐?(36쪽)" 동호는 시신들을 모아놓은 도청으로 찾아가지만 그곳에도 정대는 없다. 자책감에 휩싸인 동호는 그곳에서 시신 관리 일을 도우며 끝내 집으로 가지 않다가 사살된다.

정대를 뒷바라지하느라 자신은 학교에 다니지 못하고 공장에서 일해 온 그의 누나 정미도 행방불명된다. 이미 죽어 혼이 된 상태에서 제2장의 서사를 이끌어가는 정대는 누나가 자신보다 먼저 죽었다고 말한다.

여고 3학년이던 김은숙은 뒷날 대학을 다니다 그만두고 작은 출판사에 근무하던 중 수배자의 책을 편집하고 있다는 이유로 끌려가 고문을 당한다. 노조 활동을 하다 쫓겨난 임선주는 도청에서 일손을 돕다가 끌려가 스스로도 증언할 수 없을 만큼 끔찍한 고문을 당한다.

대학 1학년생 김진수도 당시에는 죽지 않았지만 혹독한 고문을 당한 후유증과 혼자 살아남았다는 자의식으로 번민하다가 결국 자살한다.

치매 상태인 동호 어머니는 길거리에서 동호를 본다. 그러나 당연히, 만나지는 못한다. 예닐곱 살 때 동호는 길을 갈 때마다 제 어머니에게 "꽃이 핀 데로 가. 햇빛이 비치는 밝은 데로 가!"라고 했었다. 그런 아이였지만 총에 맞아 죽었고, 어머니는 지금 치매에 걸린 까닭에 죽은 아들을 보게 된다.

인간은 깨어있는 시간의 약 70%를 의사소통에 쓴다. 즉 태어나서生 죽는涯 인간의 생애生涯는 의사소통意思疏通의 시간이다. 이 시간은 주로 음성언어(말하기, 듣기)와 문자언어(쓰기, 읽기)로 채워진다. 물론 의사소통 수단에는, 대중가요 노랫말 "눈으로 말해요!"가 확인해주듯, 비언어非言語(몸짓, 표정 등)도 있다.

의사소통이 이루어지지 않는 상태로 사람들이 모여 생활하는 공간은 참다운 사회가 못 된다. 그 까닭은 사회가 무엇인가를 생각해보면 바로 알 수 있다. 더러 사회는 "깡패 사회"처럼 같은 무리의 집단을 지칭하기도 하고, 학생·군인·죄수 등이 자신들이 속한 영역 이외 범주를 두고 "사회에서는 안 그렇지!" 식으로 사용하는 어휘이기도 하다. 하지만 그런 경우는 특수한 쓰임이다.

사회社會 본연의 정의定義에 대해 생각해볼 일이다. 회會는 모임이니 그 속뜻을 굳이 헤아려볼 것도 없지만 사社는 다르다. 일상에서 상용하는 글자가 아닌 탓이다.

중국 고대 어원으로 보면, 社는 토지土신神이다. 같은 토지신을 섬기며, 바꿔 말하면 한곳에서 농사를 지으며 살아가는 25호 정도의 마을을 社라 했다. 현대사회에서는 상행위 또는 영리 추구 목적의 법인을 가리키는 데 주로 사용된다. 즉 社는 가족과 마을은 물론 교회, 계급, 국가, 정당, 조합, 회사 등 공동생활을 영위하는 형태의 인간 집단을 뜻한다.

社와 동의어로 많이 쓰이는 개념어가 공동체共同體이다. 인류 최초이자 최소 공동체는 가족이고, 최대 공동체는 (이상론에 지나지 않는 듯한) 지구촌地球村이다. 노자의 소국과민小國寡民, 그리스의 폴리스polis, 구호 "가족 같은 회사" 등도 그러한 인식을 바탕으로 생겨났다.

Polis든 "가족 같은 회사"든 '지구촌'이든, 수박 수준의 표리부동表裏不同이 아니라 홍당무처럼 겉과 속이 일치하는 진정한 공동체가 되려면 무엇보다도 구성원 사이에 의사소통부터 원활히 이루어져야 한다. 주체성이나 자유의지의 산물로서가 아니라 단지 본능의 작동에 따라 모여 살면 그것은 군집群集일 뿐이다. 따라서 사람은, 군집 생활을 하는 여타 동물들은 그렇게 하는 법이 없지만, 어떻게 해야 의사소통이 잘 이루어지는 공동체사회를 건설할 수 있을 것인가에 대해 깊이, 거듭 고민해야 한다. 그래야 인간다운 삶이 가능해진다.

의사소통을 가로막는 요인으로는 먼저 육체의 죽음, 그리고 치매癡呆를 들 수 있다.[1] 동양적 사유로 말하면,

---

[1] <소년이 온다>의 동호는 "군인들이 무섭지, 죽은 사람들이 뭐가 무섭다고요"라고 말한다. 그런데 영화 <스틸 앨리스>를 보면 현대인은 죽음보다 치매를 더 무서워한다.

혼혼魂이 몸을 벗어나고 백魄이 시신과 더불어 소멸되면 타인과의 의사소통은 완전히 단절된다. 그 뒤는 산 자와 죽은 자 사이가 철저히 차단되는 사후 세계이다. 그러므로 죽은 정대의 시신이 <소년이 온다> 제2장의 주인공으로서 서사를 이끌어가는 설정은 매우 독창적이다.

한강 대표소설 <소년이 온다>, <작별하지 않는다>, <채식주의자>의 핵심 서사敍事는 한결같이 죽음에 닿아 있다(그리고 치매 또는 정신병으로도 이어진다). 5·18 와중에 살아남은 대학생 김진수는 그 후 스스로 죽음을 선택하고, "사람들은 스물네 살인 그녀(김은숙)가 사랑스럽기를, 사과처럼 볼이 붉기를, 반짝이는 삶의 기쁨이 예쁘장한 볼우물에 고이기를 기대했지만, 그녀 자신은 빨리 늙기를 원했다. 빌어먹을 생명이 너무 길게 이어지지 않기를 원했다.(85쪽)"

석가의 가르침에 따르면, 아무리 비인간화된 삶일지라도 '살아있음'은 그 자체로 유아독존唯我獨尊의 지상 최고 가치價値이다. <소년이 온다>의 노동자들이 "우리는 고귀해. 우리에게는 정당한 권리가 있어!"라고 다짐하는 것도 그래서이다. 하지만 김진수와 김은숙은 그러한 통속通俗의 세계관을 완강히 거부한다.

육체의 죽음을 원하는 이들은 그 전에 "살아서 이미 유령인 사람"[2], 즉 정신의 죽음에 도달해 있는 법이다.

특히 "나는 내가 인간이라는 사실과 싸웁니다"라는 절규가 (한강 소설에 깊숙하게 드리워져 있는) 정신질환 또는 치매 같은 병이 아니라, 거대하면서 부당한 국가권력의 폭력 때문에 생성된 것이라면, 개인의 실존實存은 사실상 혼魂을 잃은 반죽음 지경으로 내몰린 상태이다. <소년이 온다>가 보여주는 죽음의 세계는, 국민과 국가 사이에 의사소통이 전혀 이루어지지 않았다는 점에서 대한민국이 참된 공동체가 못 되었다는 사실을 증언한다. 즉 "한강은 우리가 우리의 상처를 제대로 이해하고 있는지 묻는다."3)

하지만 누군가는 "피해자인 내가 아무리 억울하다고 해서 할 말을 다한다면 내가 속한 공동체는 깨질 수 있네. 그래서 어떤 경우는 죽을 때까지 비밀을 품고 간다는 말이 있지 않은가? 가해자가 죽은 뒤에 그 비밀을 말하거나, 그 후손들의 명예를 생각해서 영원히 비밀에 부칠 경우도 있다네. 이것이 인간에게 주어진 양심이며 기본적인 도덕률이네"4)라고 주장하기도 한다. "다 잊고 이젠 공부를 해요(97쪽)"라는 발언으로 대변되는, '죽은 사람은 죽었지만 산 사람은 살아야지'식 가치관을 가진

---

2) <작별하지 않는다> 288쪽.
3) 주철현, <과학자가 본 한강 노벨문학상의 의미>(한겨레신문 2024년 11월 1일)
4) 한충원, 2024년 11월 7일 발표문, 여러 신문.

사람들에게 <소년이 온다>가 불편하게 받아들여지는 데에는 그런 합리화도 한몫을 할 것이다.

의사소통을 가로막는 정신적 요인은 불신不信과 이기주의利己主義다. 이들은 "너를 위해서(<채식주의자>)"라는 수식으로 포장된 거짓말과 폭력의 모습으로 나타난다. 상대가 나에게 거짓말을 하면 불신이 쌓이고, 나의 이익을 도모하는 데 골몰하면 상대에게 거짓말을 하게 된다. <채식주의자>의 영혜는 한약이라며 들이민 어머니의 거짓말에 속아 한 모금 먹었던 흑염소액을 변기에 모두 토해낸다. 병실에 있는 흑염소액 전부를 폐기하는 것은 물론이다.

"너, 이것이 얼마짜린 줄 아냐? 니 에미에비 피땀이 어린 돈이다. 네가 그러고도 내 딸이냐?"

어머니의 언어 폭력은 "다 널 위해서"라는 자신의 말이 진정성을 기반으로 하지 않으며, 그것이 자기만족을 위한 행위에 지나지 않는다는 사실을 스스로 드러낸다.

<소년이 온다>는, <채식주의자>의 영혜에게 개인적으로 엄습한 가정 단위의 상징적 수준이 아니라, 거대하고 구체적인 국가의 거짓말을 보여준다. <채식주의자>의 아버지와 어머니가 "너를 위해" 폭력을 행사하듯, <소년이 온다>와 <작별하지 않는다>의 국가는 나라와 민족을 위

한다는 거짓말을 내세워 '국'군으로 '국'민을 학살한다. 거짓말도 폭력이지만, 거짓말로 뜻한 바를 얻지 못한 '그들'은 일반국민이 결코 상상할 수 없는, 너무나 참혹한 폭력을 행사한다.

그처럼 불가해한 사회를 중3 동호가 이해할 수는 없다5). 군인들에게 가족을 잃은 유족들이 태극기로 그 시신을 감싸고 애국가를 부른다?

"군인들이 죽인 사람들에게 왜 애국가를 불러주는 걸까? 마치 나라가 그들을 죽인 게 아니라는 듯이?"

고3 은숙 누나가 대답한다.

"군인들이 반란을 일으킨 거잖아. 권력을 잡으려고. 너도 봤을 거 아냐? 한낮에 사람들을 때리고 찌르고, 그래도 안 되니까 총을 쐈잖아. 그렇게 하라고 '그들'이 명령한 거야. 그 사람들을 어떻게 나라라고 부를 수 있어?"

동호는 "혼란"에 빠진다. 그렇게 국가의 거짓말은 공권력을 동원한 대규모 무차별 폭력으로 이어진다. 같은 이유로, <작별하지 않는다>의 제주에서도 수 만 명이 국가권력의 폭력에 학살당한다. 이 또한 국가와 국민 사이에 의사소통이 이루어지지 않는 대한민국을 진정한 공동

---

5) <작별하지 않는다>의 인선에게도 "밤낮이 어신(없는) 거라이, 군사 작전이라는 건"이라는 아버지의 말은 "이해할 수 없는 말"로 여겨진다.

체로 볼 수 없다는 증언이다.

 (스무 살 김진수가 '서른이나 마흔쯤 되는 사내인 것처럼' 중3 동호에게 "적당한 때에 너는 항복해라. 알겠지? 손들고 나가. 손들고 나가는 애를 죽이지는 않을 거야"라고 말한 이후) 군인들의 명령대로 이층 복도에 머리를 박고 있던 우리들이 도청 마당으로 끌려내려 간 건 동틀 무렵이었습니다.
 뒤로 손이 묶인 채 마당 가장자리에 일렬로 무릎 꿇고 앉은 우리들에게 한 장교가 다가왔습니다. 그는 흥분해 있었습니다. 한 사람씩 군화로 등을 밟아 흙바닥에 머리를 박게 하며 욕설을 퍼부었습니다.
 "씨팔. 내가 월남 갔다 온 사람이야. 내 손으로 죽인 베트콩 새끼들이 서른 명도 넘는다! 더러운 빨갱이 새끼들."6) (중략, "내가 월남에서 베트콩 일곱을… 하고 시작되는 레퍼토리를" 입에 달고 사는 아버지가 <채식주의자>에 나온다.)
 다섯 명의 어린 학생들이 이층에서 두 손을 들고 내려온 것은 그때였습니다. 계엄군이 대낮같이 조명탄을 밝히며 기관총을 난사하기 시작했을 때 내가 소회의실 캐비닛에 숨으라고 명령했던 네 명의 고등학생과, 소파에서 김진수와 짧은 실랑이를 벌였던

---

6) 원작에는 따옴표 없음. 이하 다른 인용들도 같습니다.

중학생이었습니다. 더 이상 총소리가 들리지 않자 그들은 김진수의 말대로 무기를 버리고 항복하러 내려온 것이었습니다.

"저 새끼들 봐라."

김진수의 등을 밟고 있던 장교가 여전히 흥분한 채 소리쳤습니다.

"씨팔 빨갱이들. 항복이다, 이거냐? 목숨은 아깝다, 이거냐?"

한 발을 여전히 김진수의 등에 올린 채 그는 M16을 들어 조준했습니다. 망설이지 않고 ("방아쇠를 당기면 사람이 죽는다는 것을 알면서도 그렇게 할 수 없었던") 학생들에게 총을 갈겼습니다. 나도 모르게 고개를 들어 그의 얼굴을 봤습니다.

"씨팔. 존나 영화 같지 않나."

치열이 고른 이를 드러내며 그가 부하들에게 말했습니다.

사회적 동물인 사람은 자신을 둘러싼 사회현상에 어떤 방식으로든, 얼마만큼이든 반응해 움직이게 된다. 그래야 '식물인간' 아닌 그냥 사람이고, 그래야 공동체의 당당한 구성원이다.

말을 사회활동의 최고 수단으로 여기는 직업군은 정치인들이다. 히틀러는 "글보다 말"이라 했는데, 이 또한 대부분의 대중이 말을 의사소통 수단으로 삼을 뿐 글은 그보다 훨씬 덜 선호한다는 사실을 꿰뚫은 발언이다. 말은 논리의 타당성을 세밀하게 따질 겨를 없이 듣는 즉각 감정에 휩싸여 반응하기 십상인 까닭에 정치인이 군중을 선동하는 데에 글보다 훨씬 유용하다.7) 글은 시간을 두고 천천히, 꼼꼼하게 분석한 후 반응할 뿐더러 군중심리가 작동할 여지도 없으니, 그만큼 정치선동에 불리하다는 것이 히틀러의 통찰(?)이다.

신라시대 <해가海歌>의 배경설화도 그같은 이치를 말해준다. 향가 <헌화가獻花歌>가 지어진 며칠 뒤, 강릉태수로 부임하기 위해 길을 가던 김순정이 임해정에서 일행과 점심을 먹는 중에 해룡海龍이 수로水路부인을 납치해 사라진다. 어쩔 줄 몰라 우왕좌왕하는 김순정 앞에 어떤 노인老人이 나타나 방책을 알려준다.

"여러 사람의 입은 쇠도 녹이는 법입니다. 아무리 바다 속 물건이라 해도 수많은 입은 두려워 할 것입니다.

---

7) 괴테는 "독서는 과거 현인과의 대화"라 했지만, 일반 대중은 음성언어만 대화로 여길 뿐 문자언어는 아니라고 여기는 경향을 보여준다. 우리나라 성인의 60%가 한 해에 책을 한 권도 읽지 않는 것도 그런 인식에서 비롯된 참담한 문화현상이다. 그런 점에서, 글이 아닐뿐더러 진정한 의사소통을 방해하는("속을 짐작할 수 없는 짧고 담담한"<작별하지 않는다> 45쪽) '대박'식 표현의 소굴 '카톡'이 성행하는 것은 크게 우려할 일이다.

백성들을 모아 노래를 지어 부르면서 막대기로 언덕을 두들기면 부인을 찾을 수 있을 것입니다."

그 말에 따라 김순정이 노래를 짓고 대규모 군중을 동원해서,

> 龜乎龜乎出水路 구호구호출수로
> 거북아 거북아 수로를 내놓아라.
> 掠人婦女罪何極 약인부녀죄하극
> 남의 부인을 빼앗은 죄가 얼마나 큰 줄 아느냐.
> 汝若悖逆不出獻 여약패역불출헌
> 네가 만약 거역하여 바치지 않으면
> 入網捕掠燔之喫 입망포략번지끽
> 그물로 잡아서 구워먹고 말겠다.

하고 합창하며 땅을 두드리니, 용이 부인을 도로 내놓았다. 중구삭금衆口鑠金, 다수 군중 사이에 형성된 여론은 대단한 위력을 발휘한다는 뜻이다. 이 사자성어는, 말이 대중의 도구로 합쳐져 동시다발로 쓰이면 큰 권력을 가지게 된다는 사실을 강조한다.

그에 견줘 소설가는 그저 개인이고, 말로 대중을 선동해 정신적·물질적 이익을 취하는 정치인도 아니다. 즉 소설가는 글로 사회에 반응하게 된다.

그런데 때로는 펜이 총칼보다 강하다는 격언이 실존實存에 구현되기도 한다. "역사의 상처trauma에 맞서고 삶의 연약함을 드러낸 (한강 작가의) 강력한 시적 산문"은 "(많은 사람들이) 지난 44년 동안 고통받고 힘들었던 것을 (작가 한 명이) 세계적으로 순식간에 알려"내는 감동을 창조했다(MBC스트레이트 2024년 10월 27일, 박강배 5·18기념재단 상임이사).

"제가 작품을 썼다기보다 소설 속 주인공인 소년과 80년 광주를 체험했던 시민들이 작품을 썼다"는 한강 본인의 말은(미디어오늘, 2024년 10월 11일) 작가가 "역사의 상처trauma에 맞"선 '연약한 삶"들을 소설에 담았고, 그 결과 본인도 "역사의 상처에 맞"섰다는 노벨문학상 심사위원회의 평언이 아주 적확하다는 사실을 뒷받침해 준다.

한강 작가는 이미 죽어 의사소통을 할 수 없게 된 소년과, 그 뒤 치매를 앓아 역시 의사소통이 어렵게 된 소년의 어머니와, 당시를 겪은 많은 사람들과, 나아가 우리나라 '국'민들과, 더 나아가 지구촌 공동체의 구성원들과, 국가권력과 개인 사이에 반드시 필요한 활발한 소통 문제에 대해 '5·18'을 화두로 소통하고자 했다.

"저기 밝은" "꽃도 많이 폈"는 곳으로 가자면서, "왜 캄캄한 데로 가아? 저쪽으로 가, 꽃 핀 쪽으로"라는 예닐곱 살 소년의 말에 함께 귀를 기울이자고 이야기하고 싶었다.

"소설을 쓰는 동안, 아니 소설을 쓰기 위해 자료조사를 할 때부터 하루도 울지 않은 날이 없었"던 작가는 그래서 "저는 제 소설을 읽은 사람이 슬펐다는 독후감을 들려줄 때가 제일 좋아요(한겨레신문, 2024년 10월 18일)"라고 밝혔다.

소설의 여고생이 도청 앞 분수대를 틀지 말라 하고, 노벨문학상을 받은 쉰넷 여성작가가 '세계가 전쟁 중인데 무슨 기자회견이며 파티냐' 한 것도 그 때문이다.

(수피아여고 3학년 때 5·18을 겪은 후 대학에 진학했다가 학교를 그만두고 작은 출판사에 취직한 김은숙은 수배자에게 번역을 맡긴 회사 일로 기관에 연행돼 '평범'한8) 얼굴의 사내에게 "개 같은 년. 너 같은 년은 여기서 어떻게 돼도 아무도 몰라. 쥐새끼 같은 년. 쥐도 새도 모르게 죽기 싫으면 내 말 들어. 그 새끼 어딨어?" 소리를 들으며 뺨에 실핏줄이 터지는 폭행을 당하던 중)

짧게 감은 눈꺼풀 속에서 (전남도청 앞) 유월의 분수대가 눈부신 물줄기를 뿜었다. 버스를 타고 그

---

8) 장교는 '치열이 고른 이'를 드러내며 소년들을 마구 사살한다. <소년이 온다> 133쪽.

앞을 지나가던 열아홉 살의 그녀는 눈을 질끈 감았다. 하나하나의 물방울들이 내쏘는 햇빛의 예리한 파편들이, 달궈진 눈꺼풀 안쪽까지 파고들어 눈동자를 찔렀다.

집 앞 정류장에 내리자마자 그녀는 공중전화 부스로 들어갔다. 책가방을 바닥에 내려놓고, 이마에 흐르는 땀을 주먹으로 훔치며 전화기에 동전을 넣었다. 114 버튼을 누르고 기다렸다.

"도청 민원실 부탁합니다."

안내받은 전화번호를 누르고 다시 기다렸다.

"분수대에서 물이 나오고 있는 걸 봤는데요, 그래서는 안 된다고 생각합니다."

떨리던 그녀의 목소리가 점점 또렷해졌다.

"어떻게 벌써 분수대에서 물이 나옵니까. 무슨 축제라고 물이 나옵니까. 얼마나 됐다고, 어떻게 벌써 그럴 수 있습니까."

방학하는 날까지 그녀는 날마다 정류장 옆 공중전화 부스에서 도청 민원실에 전화를 걸었다.

"분수대에서 물이 나와서는 안 된다고 생각합니다. 제발 물을 잠가주세요."

손바닥에서 배어나온 땀으로 수화기가 끈적끈적했다.

"예예, 의논해 보겠습니다."

민원실 직원들은 인내심 있게 그녀를 응대했다. 꼭 한 번 나이 든 여사무원이 말했다.

"그만 전화해요, 학생. 학생 같은데 맞지요? 물이 나오는 분수대를 우리가 어떻게 하겠어요. 다 잊고9) 이젠 공부를 해요."

"(한강이) 러시아, 우크라이나, 이스라엘, 팔레스타인 전쟁이 치열해 날마다 죽음들이 실려 나가는데 무슨 잔치를 하고 기자회견을 하겠느냐고 하더라. 딸이 한국에 살고 있지만 글로벌한 감각을 지닌 작가로 바뀐 것(한승원, 2024년 10월 11일)"

"(작가가 기자회견을 하지 않겠다는 것은) 폭력과 죽음이 도사린 세계에서 작가의 영광은 한줌 재와 같다는 의미다. 한강은 그런 폭력과 트라우마의 세계를 정면으로 직시한 작품을 쓴 소설가다. 그와 어울리는 결정을 했다.(서울신문, 2024년 10월 14일)"

그렇다면, "'5·18', '4·3'을 피해자가 섰던 자리에서 바라보는 한강의 시선에 불편해하는 독자(조선일보, 2024. 10. 12.)"는 어째서 존재하는가? 대한민국 일부 '국'민들은 무엇 때문에 한강 소설을 "역사 왜곡", 노벨상 수상

---

9) 그럴 수 없다고 생각하면 <작별하지 않는다>와 같은 제목을 소설에 붙이게 된다.

을 "출판사 로비"라고 외치는가? 노벨상 수상 발표 직후 열린 국정감사장에서 김광동 진실화해위원장이 5·18민주화운동을 왜곡·폄훼하는 '북한 개입설'을 반복하는 식의 '반국가'·'반지구촌' 인식이 끝없이 이어지는 현상은 무엇 때문인가? (북한 개입이 사실이라면 당시 정부 지도층과 국군 최고 지도부에 엄중 문책이 뒤따를 텐데, 그 사람들이 누구인지 생각은 해보고 주장하는가?)

주제, 구성, 문체를 소설의 3요소라 배웠다. 구성과 문체의 뒷받침에 힘입어 주제가 설득력 있게 펼쳐졌는지를 살피고 즐기는 것이 소설 읽기의 요체다. 주제에 공감이 가고, 구성과 문체가 제 역할을 잘 수행하고 있다고 여겨지면 그 소설은 '내 스타일'이다. '훌륭한 작품을 생산하기 위해서라면 예술가의 범죄는 용인될 수 있다(김동인, <광염 소나타>)'식이어서 주제 자체가 마음에 들지 않거나, 주제에는 동의하지만 구성과 문체가 미진하게 여겨지면 내 스타일이 아니다. 작가는 주제 그리고 구성과 문체를 결정할 권리가 있고, 독자는 그 작품을 읽고 안 읽을 선택권이 있다.

<소년이 온다>의 주제가 잘못이라는 말은 웬만해서는 차마 발설할 수 없으니까[10], 구성의 3요소를 이루는

---

10) 조선일보 2024년 11월 14일: "(제주4·3사건, 6·25 한국전쟁, 광주5·18 등) 이해관계가 첨예한 사건을 한쪽

소설 속 사건 등 일부를 두고 '역사 왜곡'이라면서 작품을 정치 선전물로 치부하기도 한다. 문학이 무엇인지 알지 못하는 척하면서, 일간신문에 공공연히 "읽다가 말았다"고 큰소리치는(?) 언론인까지 있다.

('5·18' 관련 논문을 쓰기 위해 증언을 해달라는 학자에게) "삼십 센티 나무 자가 자궁 끝까지 수십 번 후벼 들어왔다고 증언할 수 있는가? 소총 개머리판이 자궁 입구를 찢고 짓이겼다고 증언할 수 있는가? 2년 동안 하혈이 계속되었다고, 혈전이 나팔관을 막아 영구히 아이를 가질 수 없게 되었다고 증언할 수 있는가? 몸을 증오하게 되었다고, 모든 따뜻함과 지극한 사랑을 스스로 부숴뜨리며 도망쳤다고 증언할 수 있는가?"

라고 되묻는 임선주를 소설에 등장시켰다고 작가 한강을 비난한다. 이는, 복잡한 구성 탓에 읽기가 불편했다는 토로와는 차원이 다르다.

―――――――――――――――――

의 관점만으로 평하는 듯한 시각을 작품에서 드러내는 것은 굉장히 위험하다", "과거의 상처를 헤집지 말고 양쪽 피해자들을 위로하는 마음으로 써야 한다"― 한강 작가의 삼촌 한충원 목사

실제로 <소년이 온다>는, <작별하지 않는다>와 <채식주의자>도 구성이 매우 복잡하지만, 매우 복잡한 구성을 보여준다.

제1장은 15세 소년 동호를 '너'라는 2인칭 서술자로 내세우고,

제2장은 동호보다 먼저 사살된 그의 친구 정대가 죽은 시신이면서도 1인칭으로 이야기를 이끌어가고, 그러다가 문득 2인칭 서술자가 나오고,

제3장은 '5·18' 때 여고 3학년이었던 김은숙이 3인칭으로서 당시를 회상하고, 사회인이 된 뒤 또 경찰서에 끌려가 폭행당하는 현재를 말하고,

제4장은 도청에 있었던 교대 복학생 '나'가 다시 1인칭으로 등장해 학살과 고문을 증언하고,

제5장은 20대 초반 임선주의 노조와 도청 활동 및 극악한 고문 실상을 '당신'이라는 2인칭으로 돌이켜보고,

제6장은 치매를 앓게 된 동호 어머니가 길에서 아들의 환영을 쫓는 장면을 1인칭으로 서술하고,

제7장은 작가 본인이 직접 '에필로그'를 언급한다.

이 정도면, 세계문학사에서 길이 대비 가장 복잡한 구조를 가진 소설이라 해도 괜찮을 만하다. 왜 이렇게 한강 작가는 장마다 주인공을 바꿔가며, 인칭을 달리해

구성을 복잡하게 만들었을까?

"제가 작품을 썼다기보다 소설 속 주인공인 소년과 80년 광주를 체험했던 시민들이 작품을 썼다"는 한강 본인의 말대로, '5·18'을 겪은 시민들 모두가 소설의 주요 인물, 즉 우리 사회에서 하나같이 소중한 사람들이라는 뜻이다. '5·18'은 누구 한 사람을 주인공으로 내세울 수 없는 시대정신의 표상이라는 의미이다. 그토록 어려운 방식을 동원해야 드러낼 수 있는 '5월'을 담고자 했으니, 한강 본인 말로 표현하자면 "얼마나 힘들었을까"11)!

역사의 상처trauma를 극복하고 아름다운 공동체를 가꾸어가자는 <소년이 온다>를 폄훼하는 기행奇行이 이어지면 지구촌 공동체가 대한민국을 기이한 군집群集으로 낮춰보게 될 것이다. 노벨상이라는 '권위'가 얹힌 세계문학 <소년이 온다>에 지구촌 공동체가 감동으로 젖었는데, 우리 스스로가 '역사 왜곡·로비·번역 승리' 등을 해가海歌처럼 불러서야 되겠는가!

---

11) 한겨레신문, 2024년 10월 18일: 동료 작가의 장편 마지막을 읽을 때 "연민"을 느끼는 이가 한강(2007년 대담)이다. '그 작가는 얼마나 힘들었을까.'

김규원 ▮ 사필귀정을 아십니까

힘이 정의인 줄 알고
국가권력이 미쳐 날뛰면
멈출 방법 생각나지 않습니다
너무나 두려워 하늘도 못 본 척
한동안 내버려 둡니다
당한 사람들은 너무 슬퍼
눈물 흘리는 것도 잊고 맙니다
말 못할 억울함이 원을 낳고
맺힌 한은 가슴에 응어리집니다
민중의 찢어진 마음은 저절로 아물지 않아
세월이 약이란 말 하등 도움 되지 않고요
등떠밀려 내뱉은 진정성 없는 사과는
아무리 들어도 와닿지 않습니다

당해본 사람들은
끈질긴 목숨 살아남아 알게 됩니다
당한 사람들끼리 말문 열고
서로 손잡아주고 어깨동무 할 때
이른 새벽 둑 터지는 소리 들립니다

저마다 기죽었던 작은 소리 모이고 모여
시대의 잠을 깨우는 함성이 되고
눈썹에 어렸던 작은 이슬방울 뭉치고 뭉쳐
역사의 벽을 허무는 물살을 이룹니다
책에서 배운 것은 머릿속 맴돌다 그치지만
1980년 5월 18일 광주 국군통합병원의
환자로서는 사필귀정의 체험을
누가 뭐래도 잊을 수가 없습니다

힘 있는 자들은
말도 잘 지어내죠
많이 배운 사람일수록
몸으로 직접 겪지 않은 일에
잘도 속아 넘어가곤 하지만
오죽했으면 카빈총 들고 싸운 현장
분별력과 인내심이 약한 젊은 청년들이
겁 없고 철없이 나선 게 발단이라는 둥
정치인들이 선동해서 생겨난 일이라는 둥
빨갱이들이 조종해서 일어난 사태라는 둥
북한군이 개입해서 벌어진 사건이라는 둥
빛고을 욕보이는 별의별 얘기 나돌았는데
죄짓는 소리 이제 그만 둘 때 지났습니다

글은 어떻게 쓰는가

한강 소설 <작별하지 않는다>를 중심으로

[노벨문학상 심사위원회]
역사의 상처trauma에 맞서고
삶의 연약함을 드러낸
강렬한 시적 산문

[줄거리]
    소설가인 경하가 꿈을 꾼다. 검은 통나무 수천 개가 묘비처럼 바닷가에 서 있다. 바닷물에 쓸려 없어지기 전에 무덤들을 옮겨야 한다 싶은데 꿈이 깬다.
    경하는 자신이 소설을 썼던 5·18 관련 꿈이라 여기고, 사진과 단편영화 작업을 그만두고 치매 환자인 어머니를 돌보기 위해 고향 제주도로 내려가 목공 일에 전념 중인 친구 인선에게 그 꿈을 영상으로 만들자고 제안한다. 하지만 영상 작업은 경하가 늘 악몽을 꾸고, 이상하게 호흡한다고 딸로부터 핀잔을 듣다가 마침내 자살

유혹에 빠지면서 진척되지 못한다. 경하는 꿈을 잘못 이해했다면서 프로젝트를 포기하자고 말하는데, 인선은 이미 혼자서 추진 중에 있다.

경하에게 인선의 긴급 전화가 온다. 통나무 작업 중 손가락 둘을 잘린 인선이 서울까지 실려 와 병원에 입원한 상태에서 걸어왔다. 이때는 인선의 어머니가 세상을 떠난 뒤로, 인선은 오늘 중으로 제주도 자기 집에 가서 물과 먹이를 못 먹는 채 혼자 남겨져 있는 앵무새를 구해달라고 부탁한다. 오늘 중으로 돌봄을 받지 못하면 새는 죽고 만다고 한다.

경하는 인선의 부탁을 거절하지 못해 제주도로 출발한다. 엄청난 폭설 때문에 버스 하차 후 인선의 집으로 가는 도중 길을 잃고, 마른 내에 굴러 떨어지는 등 그야말로 죽을 고생 끝에 간신히 집에 닿는다. 거기서 경하는 인선 어머니가 수집한 자료들을 통해 칠십 년 전 제주도에서 벌어진 민간인 학살, 그리고 인선의 가족사를 알게 된다.

인선 어머니의 막내동생은 여덟 살이었는데 총살당해 죽었고, 당시 열세 살이던 인선 어머니는 자기 손가락을 깨물어 흘린 피로 동생을 살리려 했지만 뜻을 이루지 못했다. 그 일이 한으로 남은 인선 어머니는 치매에 걸린 후 잠자는 인선의 입에 손가락을 자꾸 집어넣는다.

인선 아버지는 젖먹이 막내여동생을 점퍼 속에 넣어 다니면서 자랑하던 열아홉 살 오빠였는데, 그 막내는 학살당하고 본인은 대구형무소에 수감되었다가 15년 만에 풀려나 귀향한다. 그러나 고향(제주) 사람들은 그를 전과자로 취급하고, 고문 후유증은 마침내 그를 현실과 환상을 분별하지 못해 어릴 때처럼 동굴에 숨어 지내게 만들고, 급기야 인선이 아홉 살 때 죽음으로 몰아넣는다.

인선 어머니는 대구형무소로 끌려간 오빠의 유골이라도 찾겠다는 일념으로 나이 70이 넘은 고령에도 제주도와 대구 사이를 오가고, 이런저런 자료들을 수집해 철해 놓는다.

인선은 늘 악몽을 꾸고 이상한 소리를 내며 울어대는 어머니를 이해하지 못해 혐오하고 가출하고 죽고 싶었지만, 가족사를 알게 된 뒤로는 어머니가 하던 일을 본인이 이어받겠다고 생각한다.

경하는 자신의 이상한 호흡과 악몽 경험을 통해 인선 어머니를 이해하고, 만났을 때 두 손을 잡아주던 인선 어머니의 눈빛을 되새기고, 나아가 인선을 이해한다.

생시인지 꿈속인지 알 수 없는 상태에서 '작별하지 않는다' 프로젝트는 완성된다.

모든 인간은 태어나서生 죽는다涯. 대부분의 인간은 생애生涯 중 깨어있는 시간의 약 70%를 의사소통意思疏通에 쓴다. 즉 인간의 생애는 의사소통의 시간이다. 만약 누군가가 타인과 의사소통을 할 수 없는 시간에 놓였다면, 그는 죽었거나 '식물인간' 처지에 직면해 있다.

식물인간 상황은 대략 세 가지로 나눌 만하다. 식물은 스스로 위치 변경이 가능하지 않고 의사소통을 못하므로, 감옥 독방에 갇혀 있으면 정치적 또는 사회적 식물인간이라 할 만하다. 큰 병에 걸려 움직이지 못하면 언어생활 여부와 관계없이 육체적 식물인간이다. 부자연스럽게라도 움직일 수는 있으나 의사소통이 안 되는 치매癡呆 환자는 정신적 식물인간이다.

'죽지 못해 산다'는 말을 입에 달고 살아가는 사람들이 한둘이 아니다. 그러면서도 그들은 "인간의 보편타당한 마지노선"1)인 죽음보다 치매를 더 두려워한다. 2015년 미국 영화 <스틸still 앨리스>의 주인공 앨리스가 알츠하이머병 판정을 받고 "차라리 암이었으면 좋지! 이런 비참한 기분은 안 들 테니!"라고 반응하는 것이 바로 그 사례이다. 그녀는 특히 언어학자인 까닭에, 기억과 분별을 못함으로써 의사소통이 불가능해진 치매 환자가 결국

---

1) 주철현, <과학자가 본 한강 노벨문학상의 의미>(한겨레신문 2024년 11월 1일)

'공'동체 구성원이 '공'유하는 사회생활로부터 격리당해 비인간화의 나락으로 떨어진다는 사실을 너무나 잘 알고 있다. 그래서 "차라리 (죽음으로 직결直結되는) 암이었으면 좋지!"라고 한탄하는 것이다.

의사'소'통을 가로막는 인간'소'외의 주범으로 흔히 전쟁, 극빈, 질병, 독재, 자의적으로 남용되는 행정권력 등이 지목되어 왔다. 여기에 새 요인으로 치매가 추가되었다. 이는 고령화사회가 도래하면서 생겨난 부산물이다. 평균 수명이 30대 중반에 불과했던 전통사회 사람들은 치매를 겪기 전에 대체로 '소풍'2)을 끝내고 하늘天로 돌아갔다歸. 말하자면, 치매에만 걸리지 않는다면 이승의 삶은 '소풍'이라 할 만하다는 생각이 "죽지 못해 사는" 현대 보통사람들의 뇌리를 지배하고 있다는 이야기이다.

---

2) '귀천歸天' : "나 하늘로 돌아가리라／ 새벽빛 와 닿으면 스러지는／ 이슬 더불어 손에 손을 잡고∥ 나 하늘로 돌아가리라／ 노을빛 함께 단 둘이서／ 기슭에서 놀다가 구름 손짓하면은∥ 나 하늘로 돌아가리라／ 아름다운 이 세상 소풍 끝내는 날／ 가서, 아름다웠더라고 말하리라 …" 사람들은 흔히 이 시를 낭만과 여유가 넘친다고 생각하지만 사실은 천상병이 중앙정보부(현 안기부)에 끌려가 고문을 당하고 돌아와서 발표한 소회이다. 그는 풀려난 이후 발음이 어눌해져서 흔히 정신병자로 오인되었다. <소년이 온다>와 <작별하지 않는다>에도 많은 사람들이 고문당하는 장면이 생생히 묘사되어 있다.

2012년 칸영화제 황금종려상 프랑스 영화 <Amour>도 화면에 치매를 담고 있다. 주인공 안느 역을 맡은 에마뉘엘 리바는 당시 85세였다. 남편 조르주 역의 장 루이 트레타냥도 82세 고령이었다.

두 사람은 은퇴한 음악가 노부부로 나왔다. 평생을 찬사에 묻혀 정갈하게 살아왔던 노부부에게 뜻밖의 불행이 습격한다. 안느가 갑자기 경색을 일으켜 반신불수 장애를 맞이한 탓이다. 평소에도 병원 출입을 꺼렸던 안느는 남편 조르주에게 자신을 집에 머무르게 해달라고 부탁한다.

조르주는 '꼭 그렇게 하리다!' 굳게 약속한다. 그리고 끝까지 그 맹세를 지킨다. 조르주는 세상과 거의 절연한 채 아내 곁에 머문다. 자신의 깔끔하지 못한 모습을 딸에게도 제자들에게도 보이기 싫어하는 안느의 바람을 지켜준다.

안느는 점점 악화되고, 결국 "엄마~"와 "아파!" 소리밖에 발음하지 못한다. 말을 못하니 최소한의 의사소통도 끝난다. 사회로부터 완전히 격리되는 것은 당연하다. 이제는 최소 공동체인 가족 중에서도 부부만 남는다.

음악가 노부부의 노년을 다룬 작품답게 영화에는 줄곧 슈베르트, 베토벤, 바흐의 곡이 흐른다. 하지만 그와 같은, 대중음악 아닌 고급예술이 다 무슨 소용인가! 상류층 노부부의 생은 비극으로 끝난다.

조르주는 깨끗한 옷으로 갈아입힌 안느를 안락사시킨 뒤 예쁜 꽃을 그녀에게 선사하고, 집을 완전히 폐쇄한 후 스스로 죽음의 길로 행방불명된다. 경찰 도움을 얻어 집에 들어온 딸 에바가 텅 빈 건물 가운데에 털썩, 오랫동안 혼자 앉아 있는 것으로 영화는 막을 내린다. 이 마지막 장면은 딸 또한 그 길을 가게 된다는 암시暗示다. 보통사람은 감독 미하엘 하네케에게 묻지 않을 수 없다. 어째서 이 영화에 사랑Amour이라는 제목을 붙였는가?

2021년 아카데미 영화제 남우주연상과 각색상을 받은 플로리안 젤러 감독의 <아버지>도 치매를 담고 있다. 80대 노인 앤서니는 런던 한 아파트에 거주하며 평화로운 일상을 보내고 있다. 유일한 가족인 딸 앤이 가까이 살면서 종종 아버지에게 들른다. 앤서니는 차차 기억력이 감퇴해 딸과 집마저 낯설게 느끼기 시작하고, 이윽고 딸이 자기 집을 뺏으려 든다는 의심에 사로잡힌다.

영화 끝부분을 온전히 앤서니 시점으로 그려놓은 까닭에 관객들은 주인공이 겪는 혼란에 고스란히 몰입된다. 평생 믿어왔던 모든 것이 흔들리는 현실 앞에서 혼란에 빠진 아버지(앤서니)를 바라보는 딸(앤)도 부녀의 인연으로부터 벗어나고 싶은 마음에 사로잡힌다. 앤서니도 앤도 보통사람 관객에게는 고통스럽다. 자신도 그런 경우 그렇게 될 듯 예감되기 때문이다.

정부 자료에 따르면, 우리나라는 2025년 전체 인구의 20% 이상(1015만 명)이 65세를 넘는 초고령사회가 되고, 노인 전체의 약 10.3%가 치매를 앓게 된다(107만7천 명). 2050년이면 노인 비율이 40.1%에 달해 세계에서 가장 빠르게 노령화가 진행되고, 노인의 39.8%(332만 명)가 치매에 걸린다.

노인 10명 중 2025년 1명, 2050년 4명 치매 환자! 전체 국민 중 2025년 2%, 2050년 16% 치매 환자!

노인 10명 중 4명! 국민 16% 치매! 더 이상 치매는 '남의 일'이 아니다. 내가 걸릴 확률이 그만큼 높다는 사실을 알기에 모두들 죽음만큼이나 치매를 두려워한다.

작가가 <작별하지 않는다>와 <소년이 온다>에서 주제 부각 역할을 치매에 맡긴 작법도 그처럼 치매가 일반화된 현실이 반영된 결과이다. 치매 환자의 폭증에 이미 설득당해 있는 독자들은 <소년이 온다>의 동호 어머니와 <작별하지 않는다>의 인선 어머니·아버지가 치매 환자로 설정된 데 쉽게 동의한다. "내 손으로 너(아들)를 묻은" <소년이 온다>의 어머니가 치매에 걸린 상태에서 죽은 아들과의 재회를 꿈꾸며 읊조리는 독백을 '눈물 없이 들을 수 없는' 슬픈 서사로 마음에 받아들인다.

> 네가 여섯 살, 일곱 살 묵었을 적에, 한시도 가만히 안 있을 적에, 느이 형들이 다 학교 가버리면 너는 심심해서 어쩔 줄을 몰랐제.
>
>   너하고 나하고 둘이서 느이 아부지가 있는 가게까지 날마다 천변길로 걸어갔제. 나무 그늘이 햇빛을 가리는 것을 너는 싫어했제.
>
>   조그만 것이 힘도 시고 고집도 시어서, 힘껏 내 손목을 밝은 쪽으로 끌었제. 숱이 적고 가늘디가는 머리카락 속까장 땀이 나서 반짝반짝함스로, 아픈 것맨이로 쌕쌕 숨을 몰아쉼스로,
>
>   엄마, 저쪽으로 가아. 기왕이면 햇빛 있는 데로.
>
>   못 이기는 척 나는 한없이 네 손에 끌려 걸어갔제.
>
>   엄마아, 저기 밝은 데는 꽃도 많이 폈네. 왜 캄캄한 데로 가아? 저쪽으로 가, 꽃 핀 쪽으로.

그렇게 말하던 예닐곱 살 아이는 중3 때 총에 맞아 죽고, 어머니는 그 일로 결국 치매를 앓는 노년을 산다. "왜 캄캄한 데로 가아?" 그런 곳에 서성이지 말고 "햇빛 있는 데" "밝은 데" "꽃이 많이 폈는 데"로 가자는 아이의 말은 그 가족에게 고스란히 허사가 되어버렸다.3)

---

  3) "(제주4·3사건, 6·25한국전쟁, 광주5·18 등) 이해관계가 첨예한 사건을 한쪽의 관점만으로 평하는 듯한

그래도 이 서사는 '지구촌'의 명대사가 되었다. 얼마나 다행인가! 노벨상위원회는 지구촌의 하늘에 "역사의 상처trauma에 맞서고 삶의 연약함을 드러내는" 소설이 더 이상 창작되지 않기를 바란다는 메시지를 강력히 띄웠다. 한강의 노벨상 수상은 한국인 최초와 아시아 여성 최초라는 상징을 뛰어넘어, 치매를 앓아야 (<소년이 온다>의 동호 어머니처럼) 죽은 아들을 만나고, 치매를 앓아야 (<작별하지 않는다>의 인선 어머니처럼) 죽은 동생 살리는 일을 (인선의 입에 손가락을 집어넣는 방식으로) 계속할 수 있는 "인간 삶의 연약함" 앞에 지구촌이 한마음으로 공감한다는 뜨거운 연대의 표시인 것이다.

<소년이 온다>에는 동호 어머니가 치매를 앓게 된다는 암시가 없다. <작별하지 않는다>는 다르다. 그 점도 작가 본인이 <작별하지 않는다>를 스스로 추천한 까닭의 하나일 성싶다.4) 소설 창작 기법상 좀 더 완숙 혹은

시각을 작품에서 드러내는 것은 굉장히 위험하다", "이제는 문학작가도 이념이나 지역 갈등을 부추겨 정치 이익을 얻으려는 정치인의 세몰이에 영합하는 듯한 작품을 쓰지 말고 공평한 자세로 써야 한다", "과거의 상처를 헤집지 말고 양쪽 피해자들을 위로하는 마음으로 써야 한다"- 한충원 목사(조선일보 2024.11.14.)

4) 한강 작가는 수상 소식을 접한 직후 노벨위원회와의 인터뷰에서 방금 작가 자신을 알게 된 이들에게 권하는 책으로 <작별하지 않는다>를 꼽았다.(경향신문 2024.10.19.)

화려한 면모가 확인되는 까닭이다.

물론 '암시' 역할을 수행하는 일화는 소설 앞부분에 나온다. "딸의 부축을 받으며 실내에서도 지팡이를 짚고 걷는 노인의 텅빈 눈과 침묵, 만주 들판의 끝없는 겨울 숲이 고요 속에서 교차되던 그 영화", 즉 "인선이 만든 후속작은 1940년대 만주에서 독립군으로 활동했던 할머니의 치매에 걸린 일상을 다룬 것"이었다는 소개 문장에 '치매' 두 글자로 잠깐 언급된다.

이때까지만 해도 웬만한 독자는 이 부분이 '암시'라는 사실을 짐작할 수 없다. 그저 인선의 단편영화가 어떤 경향인지 가늠할 뿐이다. 그냥 독립운동가도 아니고 16세 소녀 독립군이라? 그것도 베트남 파병 한국군의 성폭력과 살상을 다룬 제1탄에 이어 제2탄이 일제의 학살을 담은 내용이라면, '4·3'과 '5·18'이 한국에만 우연히 발생한 사건happening[5])이 아니라 "인간은 죽었다"로 표상되는, 지구촌 전체 인간의 반인간성을 고발하기 위해 인선(한강)이 채택한 영상 소재(글감)라는 사실까지

---

5) 윤석열 대통령이 2024년 12월난 3일 비상계엄을 선포해 국회를 포위했다가 국회에서 계엄 해제 요구안을 통과시키자 홍준표 대구시장은 "경솔한 한밤중의 해프닝이었다"라고 평했다. 해프닝의 뜻('우연히 발생한 사건'-네이버 국어사전)을 몰라서 한 발언이다. 계엄을 우연히 선포했다? 그야말로 어불성설이다.

짐작할 수 있을 따름이다.

소설을 조금 더 읽어, "치매에 걸린 노인 대신 인터뷰를 승낙한 맏딸"이 나타날 때에도 마찬가지이다. 치매라는 어휘가 두 번째로 반복되었지만, 그래도 치매가 이 소설에서 감당해낼 역할을 통찰하기는 결코 쉽지 않다.

평양에서 방직공장에 다니셨는데, 따르던 야학 선생님들이 독립군에 들어간 걸 뒤늦게 알고 따라 나서셨대요. 순둥이가 어떡하려고 여기까지 왔느냐고, 어린 제자를 본 선생님들이 놀라 물으시더래요. 어머니는 아마 그 선생님들 중 한 분을 사모하거나 동경하셨던 것 같아요.

그분을 따라 운송조에 끼어서 무기와 탄약을 몰래 나르는 일을 했대요. 보따리에 숨겨서 기차로도 나르고, 곡물 자루에 넣어 트럭으로도 날랐대요. 하루는 네 명의 조원과 함께 강가 숙소에 묵었는데, 무슨 첩보가 있었던지 일본군이 들이닥쳤대요. 한 칸씩 방문을 열고 수색해 들어오는 소리를 듣고, 가장 안쪽 방에 묵던 조원들과 함께 창문으로 빠져나왔대요.

다 함께 달리다 칠흑 같은 강에 뛰어들었는데, 물속으로 쏟아진 총알이 당신만을 피해간 걸 이해할 수 없다고 어머니는 말씀하시곤 했어요. 강을 헤엄쳐 건너고 보니 이쪽 기슭엔 자신뿐이었다는 거예요. (그 후 열여섯 살 소녀는 닷새 동안 혼자 만주 벌판을 가로질러 독립군 캠프로 복귀했는데, 그 여정에서 동상으로 발가락 넷을 잃는다.)
혼자만 산 이유를 알고 싶다는 생각만 하면 불꽃같은 게 활활 가슴에 일어서 얼어 죽지 않은 것 같다고 어머니는 말씀하셨어요. 그때 젖은 신발이 끝까지 마르지 않아 발가락 네 개가 떨어져 나갔는데, 나중에야 그걸 알았지만 아깝지도 슬프지도 않더래요.

작가는 이 이야기 바로 뒤에 아래 세 줄을 붙여놓았다. 노벨상위원회가 말한 '강렬한 시적 문체' 중에서도 가장 그렇게 느껴지는 부분이다.

무엇을 생각하면 견딜 수 있나
가슴에 활활 일어나는 불이 없다면
기어이 돌아가 껴안을 네가 없다면

16세 독립군 소녀는 "혼자만 산 이유를 알고 싶다는 생각"만 하면 "불꽃같은 게 활활 가슴에 일어서 얼어 죽지 않고" "(동상에 걸려 발가락 넷을 잃으며) 닷새 동안 혼자 만주 벌판을 가로질러 독립군 캠프로 복귀"한다.

<소년이 온다>를 읽은 독자는 이 대목에서 친구가 죽었는데 혼자 살아남았다는 이유로 도청에 머물렀다가 마침내 동호가 사살되고,

 "나는 싸우고 있습니다. 날마다 혼자서 싸웁니다. 살아남았다는, 아직도 살아 있다는 치욕과 싸웁니다. 내가 인간이라는 사실과 싸웁니다. 오직 죽음만이 그 사실로부터 앞당겨 벗어날 유일한 길이란 생각과 싸웁니다. ('5·18'을 연구하는) 선생은, 나와 같은 인간인 선생은 어떤 대답을 나에게 해줄 수 있습니까?"

라며 괴로워하는 김진수·김은숙·임선주를 떠올린다. 또 <채식주의자>의 영혜가,

 "내가 믿는 건 내 가슴뿐이야. 난 내 젖가슴이 좋아. 젖가슴으론 아무것도 죽일 수 없으니까. 손도, 발도, 이빨과 세 치 혀도, 시선마저도, 무엇이든 죽이고 해칠 수 있는 무기잖아. 하지만 가슴은 아니야."

라고 말하는 장면을 떠올리기도 한다.

합당한 연상이다. 그리고 <작별하지 않는다>를 더 읽어, 숫자를 알 수 없을 만큼 무수히 총살된 "빨갱이" 가운데 인선 아버지가 15년 만에 귀향하는 장면과 만났을 때 그것을 인정하지 못할 만큼 놀라지 않는다.

왜 "혼자"가 문제인가?

치매는 발병 확률상 현대에 와서 실존實存이 되었지만 "혼자"6)는 인간에게 원초의 실존인 까닭이다. 개체個體로서의 인간이 사회적 동물로 진화한 것은 농업혁명의 신석기시대를 거치면서부터이다. 씨족이 형성된 그때부터 인간을 "혼자"로 남겨두는 일은 사회 문제로 인식되었다. 현대사회에 이르러 비로소 지구촌 과제로 떠오른 치매와 달리, "혼자"는 이미 아득한 1만 년 전부터 인류의 과제였던 것이다.

인류의 유구한 역사가 그렇다고 증언하고 있지만, 현실은 어떤가. <소년이 온다>의 동호는 친구 정대가 총에 맞아 죽는 것을 두 눈 뜨고 보면서도 아무 도움이 되지

---

6) (연합뉴스 2024년 11월 11일) 해리스 부통령의 홍보 수석을 역임한 자말 시몬스는 최근 CNN방송 '스테이트 오브 더 유니언'에 출연해 "바이든은 사퇴해서 해리스를 첫 여성 대통령으로 만들어야 한다"면서 "그렇게 하면 트럼프를 상대로 전세를 역전시키고 다음 여성이 (대선에) 출마하는 것을 용이하게 할 것"이라고 말했다.

못한 채 혼자 살아남았다. 김진수·김은숙·임선주도 마찬가지였다. <작별하지 않는다>의 16세 소녀 독립군도, 인선의 아버지도 어머니도 그랬다.

여기서 '다른 사람들도 살아남았다'식 반문은 무의미할뿐더러 비인간적이다. 죽고 살고는 개체 단위로 이루어지고, 가까운 이의 죽음을 가장 가까이 느끼는 사람은 바로 나 "혼자"뿐이다.

<작별하지 않는다>의 앵무새 아미가 죽자 함께 살아왔던 다른 앵무새 아마는 "그렇게 좋아하던 오디도 안 먹"는다. 아마의 그것을 다른 누군가가 측은지심惻隱之心의 성심誠心으로 자신의 가슴 속에 체화體化하기는 참으로 어렵다. 그래서 동병상련同病相憐이라는 상황논리가 추체험追體驗을 가능하게 만드는 원동력으로 작동하게 된다.

인선은 자신의 '손가락'이 잘리면서 경험한 고통을 통해, '손가락'에 피를 내어 그것을 먹임으로써 동생을 살려내려다가 "실패"한 어머니의 아픔을 이해하게 된다.

'5·18' 소설을 쓰면서 받은 충격에서 비롯된 숱한 악몽들과 부모의 타계가 준 상실감 등으로 자살을 마음먹었던 경하는 "(너에게는) 내가 있잖아!"라면서 자신이 혼자가 아니라는 우정을 일깨워준 인선의, 혼자 남아 있는 앵무새를 살리기 위해 지금 당장 제주도에 가 달라는 "무리한 부탁"을 받아들인다.

죽은 동생을 찾아 헤매던 인선의 아버지와, 죽었을 것이 분명한 오빠를 찾아 헤매던 인선의 어머니가 늦은 나이에 결혼에 이른 것도 마찬가지이다.

하지만 인간의 실존 현실에는 그렇지 못한 사람들이 오히려 더 많다. 시체더미에서 구사일생으로 살아나온 유일한 생존자(인선 어머니의 오빠?)에게 셋 중 두 집은 갈아입을 옷 제공을 거부한다(물론 셋 중 하나라는 '긍정'에 방점을 찍을 수도 있다. 하지만 그것은 주관과 감정에 따른 판단이다.)

<소년이 온다>의 전남도청은 아직 앞뜰에 핏자국이 그대로 있는데도 "축제"를 하듯 분수대 물을 뿜어 세상이 아름다운 양 호도한다. 고향으로 돌아온 인선 아버지는 같은 제주사람들로부터 "전과자" 취급을 당한다.

혼자 방치된 앵무새에게 "내가 살리러 왔어"라는 말을 하려고 폭설 속을 헤맨 끝에 스스로에게 "죽으려고 내가 이곳에 왔어" 하고 중얼거리게 되는 경하는 "눈의 아름다움이란 게 (누군가에게는) 받아들이기 어려운 일"이라는 사실을 깨닫는다.

인선이 경하에게 말했었다. "이렇게 눈이 내리면 생각나. 그 학교 운동장을 저녁까지 헤매 다녔다는 여자애가"라고. 그 열세 살 여자애는 인선의 어머니이다. 인선의 어머니는 "눈만 오면 내가 그 생각이 남겨. 생각을 안 하젠 해도 자꾸만 생각이 남서"라고 말한다.

　　엄마가 어렸을 때 군경이 마을사람들을 모두 죽였는데, 그때 국민학교 졸업반이던 엄마랑 열일곱 살 이모만 당숙네에 심부름을 가 있어서 그 일을 피했다고 엄마가 말했어.
　　다음날 소식을 들은 자매 둘이 마을로 돌아와, 오후 내내 국민학교 운동장을 헤매 다녔대. 아버지와 어머니, 오빠와 여덟 살 여동생 시신을 찾으려고 여기저기 포개지고 쓰러진 사람들을 확인하는데, 간밤부터 내린 눈이 얼굴마다 얇게 덮여서 얼어 있었대.
　　눈 때문에 얼굴을 알아볼 수 없으니까, 이모가 차마 맨손으론 못하고 손수건으로 일일이 눈송이를 닦아내 확인을 했대. 내가 닦을 테니까 너는 잘 봐,라고 이모가 말했다고 했어.
　　죽은 얼굴들을 만지는 걸 동생한테 시키지 않으려고 그랬을 텐데, 잘 보라는 그 말이 이상하게 무서워서 엄마는 이모 소맷자락을 붙잡고, 질끈 눈을 감고서 매달리다시피 걸었대.
　　보라고, 네가 잘 보고 얘기해 주라고 이모가 말할 때마다 눈을 뜨고 억지로 봤대.

> 그날 똑똑히 알았다는 거야. 죽으면 사람의 몸이 차가워진다는 걸. 맨뺨에 눈이 쌓이고 피 어린 살얼음이 낀다는 걸.

이런 눈 덮인 죽음이 있었다는 사실을 번연히 알면서도 사람들은 그저 눈이 아름답다고 한다. 그 죽음을 '남의 일'로 여기기 때문이다. 그나마 <작별하지 않는다>를 읽은 독자는 "눈의 아름다움이란 게 (누군가에게는) 받아들이기 어려운 일"이라는 사실을 확인할 수 있다.

그런데 그것을, 죽은 아버지도 죽은 어머니도 알지 못하는 그것을 국민학교 졸업반 여자아이가 알게 되었다. 죽은 사람의 맨 뺨에 눈이 쌓이면 그것이 피 어린 살얼음을 만든다는 사실을 ….7)

인선의 어머니는 그 이야기를 (<소년이 온다>의 김진수와 임선주가 '5·18' 이야기를 하지 않으려는 것처럼) 딸에게 하고 싶지 않았다. 인선도 "그때도 지금도 어른들은 그 이야기를 꺼내지 않으니까" 고등학교 졸업을 앞두고 있던 시점까지는 고향마을 사람들과 외조부 등 친인

---

7) <작별하지 않는다>에 자주 등장하는 이탤릭체로 표기해 보았습니다.

척들의 처참한 죽음에 대해 알지 못했다.

그런데 가출했다가 죽을 고비를 넘긴 인선이 집으로 돌아오자 어머니는 "(딸이) 또다시 도망갈 힘이 있을 거라고 생각했는지, 밤새 곁에 누워서 (딸의) 손목을 잡고, 잠결에 놓았다가 흠칫 놀라 다시 꽉 붙잡으면서" 어릴 때 겪었던 일을 말해준다.

얼굴에 쌓인 눈을 한 사람씩 닦아가다 마침내 아버지와 어머니를 찾았는데, 옆에 있어야 할 오빠와 막내가 안 보였대. 군인들이 마을로 들어오는 걸 보고 젊은 남자들은 미리 도망갔을 거란 희망이 있었지만⋯ 외삼촌은 운동회 때 계주 마지막 주자였대⋯

막내가 없는 건 이상한 일이어서 두 사람은 초조해졌어. 보리밭에 죽어있는 백여 명의 사람들을, 아래에 동생이 깔려있는지 밀어가며 다시 살폈대. 혹시나 싶어 불탄 집터로 가본 건 땅거미가 내릴 즈음이었어.

거기 있었어, 그 아이는.

처음에 엄마는 빨간 헝겊더미가 떨어져 있는 줄 알았대. 피에 젖은 윗옷 속을 이모가 더듬어 배에 난 총알구멍을 찾아냈대. 빳빳하게 피로 뭉쳐진 머리카락이 얼굴에 달라붙은 걸 엄마가 떼어 내 보니 턱 아래쪽에도 구멍이 있었대. 총알이 턱뼈의 일부를 깨고 날아간 거야. 뭉쳐진 머리카락이 지혈을 하고 있었는지 새로 선혈이 쏟아졌대.

윗옷을 벗은 이모가 양쪽 소매를 이빨로 찢어서 두 군데 상처를 지혈했어. 의식 없는 동생을 두 언니가 교대로 업고 당숙네까지 걸어갔어. 팥죽에 담근 것같이 피에 젖은 한덩어리가 되어서 세 자매가 집에 들어서니까 놀란 어른들이 입을 열지 못했대.

통금 때문에 병원에 가지도, 의원을 부르지도 못하고 캄캄한 문간방에서 하룻밤을 보냈대. 당숙네에서 내준 옷으로 갈아입힌 동생이 앓는 소리 없이 숨만 쉬고 있는데, 바로 옆에 누워서 엄마는 자기 손가락을 깨물어 피를 냈대. 피를 많이 흘렸으니까 그걸 마셔야 동생이 살 거란 생각에.

얼마 전 앞니가 빠지고 새 이가 조금 돋은 자리에 꼭 맞게 집게손가락이 들어갔대. 그 속으로 피가 흘러들어가는 게 좋았대. 한순간 동생이 아기처럼 손가락을 빨았는데, 숨을 못 쉴 만큼 행복했대.

치매가 심해진 어머니는 "기어서 문턱을 넘어 와" 잠

자는 인선의 입에 "손가락을 물리고 얼굴을 쓰다듬으면서 아이처럼 울었"다. 그러다가 문득 정신이 맑아지면 "도와주라. 잠들지 말앙. 나 도와주라, 인선아!"라고 했다. 그 일에 지쳐 인선은 "죽고 싶었다."

고등학생 때 가출을 감행한 것도 어머니에 대한 "혐오" 때문이었다. 그때는 가족사를 알지 못했다. 그저 "날카로운 쇠붙이를 깔고 자야 악몽을 안 꾼다는 미신을 믿"는 엄마, "하지만 실톱을 깔고도 자주 꿈을 꾸"고, "숨을 죽여 몸서리를 치고, 이따금 들고양이처럼 이상한 소리를 내면서 흐느껴 울"어대는 엄마가 인선에게는 "지옥"이었다. 그래서 가출을 했고, 공사장 아래로 떨어져 죽을 뻔했다가 집으로 돌아왔는데, 엄마가 말했다.

> 그 어린 것이 집까지 기어오명 무신 생각을 해시크냐? 어멍 아방은 숨 끊어져그네 옆에 누워 이신디 캄캄한 보리밭에서 집까지 올 적에난. 심부름 간 언니들이 돌아올 걸 생각해실 거 아니랴? 언니들이 저를 구해줄 거라 생각해실 거 아니라?

인선은 어머니가 그렇게 동생을 살려내지 못하고 '혼자' 살아남았고, 그래서 "도와주라. 잠들지 말앙. 나 도와주라, 인선아!"라고 부탁했으며, 70 넘은 나이에 제주에서 대구까지 오가며 당신의 오빠가 어디서 어떻게 되었는지 알아내려고 무한히 애썼다는 사실을 뒤늦게 알게 되면서, 마침내 어머니가 해온 일을 자신이 이어받기로 마음먹는다. '5·18' 소설을 쓴 이래 거듭 악몽에 시달리던 경하가 바닷가에 검은 나무 비석 세우는 프로젝트를 제안했을 때 그녀는 바로 그것을 받아들였다. 그 프로젝트에 "작별하지 않는다"라는 제목이 부여된다.

> 씨를 말릴 빨갱이 새끼들, 깨끗이 청소하갔어. 죽여서 박멸하갔어. 한 방울이라도 빨간 물 든 쥐새끼들은. (젖먹이 아기도! 절멸이 목적이니까! 이 섬에 사는 삼십 만 명을 다 죽여서라도 공산화를 막으라는 미군정의 명령이 있었다.)
>
> 방으로 총알이 들어올까 봐 이불을 쓰고 총소리를 듣는데, 아이들이 있었던 게 자꾸 생각나서 가슴이 떨렸습니다. 우리 아들만한 아기를 안고 있는 여자들도 봤고, 산달인지 배가 불러 허리를 짚고 서 있는 여자도 있었어요. 어둑어둑해지는데 총소리가 멈춰서 문구멍으로 내다봤더니, 피투성이로 모래밭에 엎어져 있는 사람들을 군인들이 바다에 던지고 있었습니다. 처음엔 옷가지들이 바다에 떠 있는 줄 알았는데, 그게 다 죽은 사람들이

었어요.

다음날 새벽에 내가 우리 아기를 업고 아기 아빠 몰래 바닷가로 갔습니다. 떠밀려온 젖먹이가 꼭 있을 것 같아서 샅샅이 찾았는데 안 보였어요. 사람이 그렇게 많았는데, 옷가지 한 장 신발 한 짝도 없었어요. 총살했던 자리는 밤사이 썰물에 쓸려가서 핏자국 하나 없이 깨끗했습니다. 이렇게 하려고 모래밭에서 죽였구나. 생각이 들었어요.

나는 바닷고기를 안 먹어요. 그 시국 때는 흉년에다가 젖먹이까지 딸려 있으니까, 내가 안 먹어 젖이 안 나오면 새끼가 죽을 형편이니 할 수 없이 닥치는 대로 먹었지요. 하지만 살 만해진 다음부터는 이날까지 (50년이 넘도록, 인용자 넣음) 한 점도 안 먹었습니다.

그 사람들을 갯것들이 다 뜯어먹었을 거 아닙니까?

소설 첫머리에서 베트남 노파가 증언을 했듯이, 소설 뒤로 가면 제주도 할머니도 증언을 한다. 자신의 어린 아들을 생각했던 마음이 움직여 그만한 나이의 어린 동생을 찾는 남자에게 아는 대로 말해준다. "그때도 지금도 (제주도) 어른들은 그 이야기를 꺼내지 않"는데도[8]

할머니는 증언을 한다.

오빠의 "뼈 단 한 조각"이라도 찾으려던 소망을 이루지 못하고 "실패"한 어머니가 죽고, 고문 후유증으로 수전증과 치매를 앓으며 때때로 동굴에 숨어 지내던 아버지도 죽고, 마지막 남은 가족 앵무새도 죽지만, 인선도 증언 할머니처럼 한다. 작별하지 않는다.

소설 첫머리에 이미 검은 바닷가 악몽을 꾸면서 "왜 이런 데다 무덤을 쓴 거야?"라고 자신도 "모르게 소리내어 물었"던 경하가 인선의 작업을 성심으로 도울 것은 자명한 일이다.

무엇을 생각하면 견딜 수 있나
가슴에 활활 일어나는 불이 없다면
기어이 돌아가 껴안을 네가 없다면

글은 어떻게 쓰는가? 달리 말해, 주제를 잘 전달해 설득력을 얻으려면 어떤 방법을 써야 하나?

이 질문에 대한 좋은 답을 얻기 위해 지금까지 <작별하지 않는다>를 꼼꼼히 읽었다. 노벨문학상을 받았다고 해서 지고지선의 면모를 갖추었다고 할 수는 없겠지

---

8) <소년이 온다>의 교대 복학생도 "(지난 이야기는) 말하고 싶지 않습니다"라고 말한다(117쪽).

만, 노벨문학상을 받았으니 그만큼 지구촌이 인정한 명작으로 여겨 소설 창작의 한 전범으로 삼을 수는 있을 것이다.9)

<작별하지 않는다>를 관통하는 설득력 제고 기법의 근본은 첫째, 내 마음에 동병상련同病相憐의 체험 또는 정情(공자의 인仁)이 있으면 상대의 처지와 입장에 동의하는 추체험追體驗을 할 수 있게 된다는 인식이다.

인선은 손가락이 잘린 뒤 "잘린 신경 위쪽이 죽어"버리는 사태를 막기 위해 "이십사 시간 동안 간병인이 곁에서" "삼 분에 한 번씩" 바늘로 "아직 피가 굳지 않은 봉합된 자리를 서슴없이 찔"러대는 고통을 겪으면서 "(치료를) 포기하고 싶"은 경험을 통해 "손가락 두 개가 잘린 게 이만큼 아픈데"라는 자각을 얻은 후에야, 광주에서 죽고 다친 사람들, 그리고 손가락 피를 뽑아 동생을 살리려 했지만 뜻을 이루지 못한 어머니의 한을 이해하게 되고, 어머니가 자신의 입에 그렇게 손가락을 집어넣으려 한 까닭을 알게 된다.

---

6) 한충원, 2024년 11월 7일 발표문, 여러 신문 : 수많은 노벨문학상 수상 작품 중에 나를 감동시킨 작품들이 별로 없었다네. (중략) 노벨문학상 수상 작품이라고 후세 사람들에게 다 사랑받진 않는다네. (중략) 노벨문학상은 분명한 수상 기준이 없이 수여되고 있다네.

경하는 '5·18' 자료를 읽으며 받은 충격으로 자살을 고려했던 자신의 경험에 힘입어 작은 새의 생명을 구하려는 인선을 이해하게 된다. 어린 아기의 어머니였던 증언 할머니는 어린 동생의 생사를 알고 싶어하는 인선 아버지를 이해하고, 어린 동생의 죽음을 참담하게 지켜보았던 인선 어머니는 자신과 마찬가지 고통을 감내하고 있는 인선 아버지를 이해한다.

거듭되는 악몽에 시달리다가 딸로부터 "왜 그렇게 이상하게 호흡을 해?'라는 핀잔을 들었던 경하는 인선 어머니가 "숨을 죽여 몸서리를 치고, 이따금 들고양이처럼 이상한 소리를 내면서 흐느껴 울"어댄 습관을 이해한다.

독자는, 소설의 각 인물들이 자신의 체험을 바탕으로 다른 사람의 깊숙한 마음을 받아들이는 추체험 과정을 지켜보면서 그 설득력에 공감하게 된다.

둘째, 일반화—般化 논리이다. 16세 어린 나이에 만주로 가서 독립운동을 했던 할머니, (초등학교 1학년 막내여동생을 포함해 일가족의 참담한 학살을 겪은) 인선 어머니, (혹독한 고문, 점퍼 속에 넣어서 동네방네 다니며 자랑했던 젖먹이 막내여동생을 학살로 잃은) 인선 아버지가 치매 환자로 등장하는 작중 설정을 독자들이 지나

친 작위(作爲10))로 느끼지 않는 것은 실제 현실 사회에 치매를 앓는 사람이 폭증하고 있기 때문이다.

일본군이 만주에서, 한국군이 베트남에서, 서북청년단이 제주에서, 국군이 광주에서 학살 등 폭력행위를 저지르는 모습을 반복 제시함으로써 국가의 부당한 권력 행사가 시대와 지역을 가리지 않고 벌어지는 비인간화 현상이라는 사실을 증명한다.

셋째, 서사의 연결과 반복을 아주 세밀(細密)하게 배치하는 기법이다. 자살을 결심하고 '작별' 편지를 쓰다가 그만둔 경하가 앵무새를 구하기 위해 폭설 속 제주도를 버스에 실려 이동하던 중 우연히 만난 노인이 하차할 때 "모르는 사람"인데 "왜 작별을 한 것처럼 마음이 흔들리는가?"라고 자신에게 묻고, 이 '작별'이 소설 전체를 관통하는 프로젝트의 제목으로 재등장한다.

인선 어머니가 인선 아버지를 처음 만났을 때 "삼춘"이라 불렀듯이, 서울사람 경하도 제주도에서 친근감을 표시하려고 낯선 노인을 "삼춘"이라 부른다. 소설이 시작될 때 경하가 바닷가에 무덤이 줄지어 서 있는 꿈을 꾸는데, 소설이 진행되면 실제로 바닷가에서 대규모 학

---

10) 순자: 사람(人)이 무엇인가를 하면(爲) 거짓(僞)이 된다.

살이 진행되고, 인선의 프로젝트도 그곳에서 완성된다.

　베트남 노파가 증언을 한 뒤 제주도 할머니가 증언을 하는 선후 배치를 통해 독자는 국가폭력에 대한 증언이 세월이 흐르며 일반화되고 있다는 실감을 느끼게 된다.

　경하도 인선도 인선 어머니도 악몽에 시달리고, 새도 작고, 학살당하는 아이들도 자그마하고, 독립군 소녀도 16세에 지나지 않는다. 경하도 구토를 하고, 인선 어머니도 코발트 광산 앞에서 구토를 한다.

　인선이 사고를 당했을 때 이웃집 사람이 작업실 문을 닫을 겨를 없이 그녀를 싣고 병원으로 달려갔기 때문에 경하가 폭설 속에서도 열린 문으로 쏟아져 나오는 불빛을 보고 집을 찾게 된다.

　경하가 손가락 봉합을 위해 "삼 분에 한 번씩" 바늘로 "아직 피가 굳지 않은 봉합된 자리를 서슴없이 찔"리는 고통을 겪는 경험은 그녀의 아버지가 "젖은 가슴을 야전 전화선으로 묶고 전기를 흘려넣"는 고문을 당하는 일과 연결된다. 인선 어머니가 끌려가기 직전의 오빠에게 머리카락을 가리키며 "머리가 이상하다" 했는데, 살아 돌아온 인선 아버지의 머리가 이상해져서 "마치 두 세계를 사는 사람 같"은 상태를 보여주고, "(그런 남편이) 환상에서 빠져나오길" 바라는 인선 어머니가 오빠에게 "머리가 이상하다"라는 말을 했던 일을 되돌아보며 "그때 내가 무사 오빠신디 머리가 이상하다고 해실카? 무사 그런 말밖에 못해실카?" 후회한다.

소설 도입부에서 경하가 "학살을 명령한 자"를 만났을 때 "가냘픈 성냥개비가 오렌지색 불꽃을 품으며 사그라들고 있"는 꿈을 꾸는데, 소설 마지막이 "나는 성냥을 그었다. 불붙지 않았다. 한번 더 내리치자 성냥개비가 꺾였다. 부러진 데를 다듬어 쥐고 다시 긋자 불꽃이 솟았다. 심장처럼. 고동치는 꽃봉오리처럼. 세상에서 가장 작은 새가 날개를 처덕인 것처럼"으로 끝난다.

앞에 추체험을 말할 때 언급했듯이 압권은, 인선이 손가락 절단 사고를 당하고, 인선 어머니가 손가락 피를 흘려 동생을 구하려 하고, 치매에 걸린 어머니가 손가락을 잠든 인선의 입에 마구 집어넣는 연결이다.

이처럼 세밀한 구조들을 보면서 독자는 작가가 말하고 싶은 바에 동의하게 된다. 요약하면, 독자를 자신의 주제에 동의하도록 설득하려면 글 쓰는 사람은 주도면밀하고 세밀한 구성을 조직해야 한다.

<작별하지 않는다>의 설득력을 올려준
추체험, 복선, 암시, 일반화 기법 사례들
(괄호 안 숫자는 쪽수 표시)

'문학동네' 출판사의 <작별하지 않는다> 홍보물

메디치 외국문학상 수상
에밀 기메 아시아문학상 수상

"저는 모든 작가가 가장 최근에 쓴 책을
마음에 들어한다고 생각해요.
제가 가장 최근에 쓴 책은 『작별하지 않는다』입니다.
이 책으로 시작하시면 좋을 것 같아요."
_노벨위원회 인터뷰에서

"작가의 작품세계의 정점에 이른
가장 강렬한 작품."
_르몽드

"무엇을 생각하면 견딜 수 있나.
가슴에 활활 일어나는 불이 없다면.
기어이 돌아가 껴안을 네가 없다면."

▨ 손가락

잘렸어, 전기톱에. 내 손가락 마디 두 개는 목장갑째로 할머니가 들고, 섬엔 봉합수술을 하는 의사가 없어서 가장 빨리 서울 가는 비행기를(37~9).

얼마나 아팠을까? 손가락 두 개가 잘린 게 이만큼 아픈데. 그렇게 죽은 사람들 말이야. 목숨이 끊어질 정도로 몸 어딘가가 뚫리고 잘려나간 사람들 말이야(57).

(여덟 살이던 막내이모의) 피에 젖은 윗옷 속을 (열일곱 살이던) 이모가 더듬어 배에 난 총알구멍을 찾아냈대. 빳빳하게 피로 뭉쳐진 머리카락이 (동생의) 얼굴에 달라붙은 걸 (열세 살이던) 엄마가 떼어 내보니 턱 아래쪽에도 구멍이 있었대. 총알이 턱뼈의 일부를 깨고 날아간 거야. 뭉쳐진 머리카락이 지혈을 하고 있었는지 새로 선혈이 쏟아졌다. (통금 때문에 병원에도 못 가고 당숙네 문간방에 눕혀 놓고는) 엄마는 자기 손가락을 깨물어 피를 냈대. 피를 많이 흘렸으니까 그걸 마셔야 동생이 살아날 거란 생각에. 얼마 전 앞니가 빠지고 새 이가 조금 돋은 자리에 꼭 맞게 집게손가락이 들어갔대. 그 속으로 피가 흘러들어가는 게 좋았대. 한순간 동생이 아기처럼 손가락을 빨았는데, 숨을 못 쉴 만큼 행복했대(250~1).

섬으로 돌아온 뒤 가끔 그날을 생각했어. 엄마가 밤

마다 아이처럼 기어서 문턱을 넘어오면서부터 더 자주. 잠들어 있는 내 입에 손가락을 물리고 얼굴을 쓰다듬으면서 엄마는 아이처럼 울었어. 짜고 끈끈한 그 손가락을 억지로 빼내지 못하고 나는 견뎠어. 장사처럼 힘이 세진 엄마가 숨을 못 쉬도록 나를 껴안을 때는 다른 길이 없어서 마주 껴안았어(311~2).

불이 당겨지면 네(인선) 손을 잡겠다고 나(경하)는 생각했다. 눈을 허물고 기어가 네 얼굴에 쌓인 눈을 닦을 거다. 내 손가락을 이로 갈라 피를 주겠다(324).

▨ 작별하지 않는다

어쨌든 난 ('작별하지 않는다' 작업을) 계속하고 있을 거야(54).

자정쯤 됐을 때 엄마가 마루로 나와 불을 켰는데, (내가 병원에 누워 있다는 사실이 아직 연락되기 전이었는데) 내가 밥상 앞에 가만히 앉아 있더래(103).

물뿐 아니라 바람과 해류도 순환하지 않나. 이 섬뿐 아니라 오래전 먼 곳에서 내렸던 눈송이들도 저 구름 속에서 다시 응결할 수 있지 않나. 칠십 년 전 이 섬의 학교 운동장에서 수백 명의 아이들과 여자들과 노인들의 얼굴이 눈에 덮여 알아볼 수 없게 되었을 때, 지금 내

몸에 떨어지는 눈이 그것이 아니란 법이 없다(135~6).

　새장 속에서 새가 한번 더 삐이, 울었다. 너는 죽었잖아. 내가 너를 묻었는데, 어젯밤에. 꿈일까, 의심하며 나는 말했다. 동작을 멈춘 새가 고개를 외틀고 나를 보았다. 죽은 다음에도 배고픈 게 있어(180~1)?

　경하야… 잠에서 막 깨어난 것 같은 목소리가 정적에 찰과음을 냈다. 언제 왔어? 병실에서만큼은 아니지만 창백하고 야윈 얼굴이었다. 눈을 비비는 그녀의 ('앞으로 3주 정도' 지나야 봉합된다고 했던, 41쪽) 오른손이 상처 없이 깨끗한 것을 나는 보았다. 어떻게 온 거야, (휴대폰을 잃어버렸으니, 125쪽) 연락도 없이(187)?

　하도 생각해서 어떤 날은 같이 있는 것 같았어(190).

　인선이 혼으로 찾아왔다면 나는 살아 있고, 인선이 살아 있다면 내가 혼으로 찾아온 것일 텐데(194).

　저 그림자가 생기려면 촛불과 벽 사이로 새가 날고 있어야 한다. 인선의 또렷한 목소리를 향해 나는 고개를 돌렸다. (죽은) 아미가 온 거야(203).

　인선의 것과 닮은 소리였다. 지금 내 곁에 있는 그녀가 아니라 서울의 병실에 누운 인선이. 손이 아니라 성대를 다친 듯 목을 울리지 않으며 내던 무성음과 어딘지 비슷하다(204).

누군가가 더 있는 것 같을 때가 있어? 그녀의 물음이 뒤따라 정적을 건너왔다. 너도 그럴 때가 있어(208)?
　다른 유골들은 대개 두개골이 아래를 향하고 다리뼈가 펼쳐진 채 엎드려 있었는데, 그 유골만은 구덩이 벽을 향해 '모로'(따옴표' 인용자) 누워서 깊게 무릎을 구부리고 있었어. 그 유골만 다른 자세를 하고 있는 이유가, 흙에 덮이는 순간 숨이 붙어 있었기 때문이라는 생각이 그때 들었어. 고무신도, 전체 골격도 크지 않은 걸 보면 여자거나 십대 중반의 남자인 것 같았어. 그가 만약 십대였다면 출생 연도가 엄마와 얼추 비슷할 것 같았어. 두 사람의 그 후에 대해 다루면 되겠다는 계획이 섰어. 한 사람은 날마다 수십 차례 비행기들이 이착륙하는 활주로 아래에서 흔들리며, 다른 한 사람은 이 외딴집에서 솜요 아래 실톱을 깔고 보낸 육십 년에 대해서. 엄마를 노출하고 싶지는 않았어. 녹슨 실톱을 숨긴 요 위로 '모로'(따옴표' 인용자) 누워 잠든 뒷모습으로 충분하다고 생각했어(211~3).
　나는 바닷고기를 안 먹어요. 이날까지 한 점도 안 먹었습니다. 그 시국 때는 흉년에다가 젖먹이까지 딸려 있으니까 내가 안 먹어 젖이 안 나오면 새끼가 죽을 형편이니 할 수 없이 닥치는 대로 먹었지요. 하지만 살 만해진 다음부터는 이날까지 한 점도 안 먹었습니다. 그 사람들을 갯것들이 다 뜯어먹었을 거 아닙니까(225)?

죽기 전에 이야기 안 하민 아무도 모르게 된다 허명 부탁하는 거라(227).

그녀의 동작이 방금 본 사진 속 노인과 어딘가 닮았다고 나는 생각한다(236).

십자선이 희끗하게 닳은 그 신문 조각에 나도 모르게 손을 얹은 것은, 거기 전화번호를 적은 사람의 지문을 만지고 싶은 충동 때문이었다(282).

말릴수록 땀범벅이 되어 몸부림치는 엄마와 한몸이 되어서 씨름할 때마다 내가 한 사람을 상대하고 있는 게 아니란 생각이 들었어(312).

이상하지. 엄마가 사라지면 마침내 내 삶으로 돌아오는 거라고 생각했는데. 돌아갈 다리가 끊어지고 없었어. 더 이상 내 방으로 기어오는 엄마가 없는데 잠을 잘 수 없었어. 더 이상 죽어서 벗어날 필요가 없는데 계속해서 죽고 싶었어(314).

엄마가 모은 자료들의 빈자리에 내가 새로 찾은 것들을 메꿔 넣으며 하루하루를 보냈어(315).

(그들이 절멸을 위해 죽인 아이들) 그들이 왔구나. 무섭지 않았어. 아니, 숨이 쉬어지지 않을 만큼 행복했어(318).

네 생각을 했는데 정말 네가 왔어. 하도 생각해서 거의 네가 보일 것 같은 때도 있었는데. 캄캄한 어항을 들여다보는 것처럼(320).

무엇이 지금 우릴 보고 있나. 나는 생각했다. 우리 대화를 듣고 있는 누가 있나(320).

이제는 그게 이상한 이야기라고 생각되지 않아. 인선이 말했다. 아버지는 십오 년 동안 형무소에도 있고 저 건너에도 있었던 것이. 책상 밑에서 내가 무릎을 구부리는 동시에 활주로 아래 구덩이 속에도 있었던 게(322).

정말 누가 여기 함께 있나. 나는 생각했다. 동시에 두 곳에 존재하는. 관측하려 하는 찰나 한곳에 고정되는 빛처럼(322).

▩ 어휘 '**작별**'

처음 그 꿈을 꾸었던 밤과 그 여름 새벽 사이의 사년 동안 나는 몇 개의 사적인 작별을 했다(12).

조금 전에 쓴 형편없는 것을 다시 찢어버린다. 처음부터 다시 써야 해. 진짜 작별 인사를 제대로(25).

새벽마다 책상 앞에 앉아 쓴다. 매번 처음부터 다시. 모두에게 보내는 작별 편지를(29).

잠시 나란히 서 있었을 뿐인 모르는 사람이다. 그런

데 왜 작별을 한 것처럼 마음이 흔들리는가(122)?

완성되지 않은 거야, 작별이? 생각해보니 내가 제목을 묻지 않았어. 대답했다. 작별하지 않는다(191~2).

■ 작은 생명체

유리문 밖으로 지나가는 모든 사람들의 육체가 깨어질 듯 연약해 보였다. 생명이 얼마나 약한 것인지 그때 실감했다. 저 살과 장기와 뼈와 목숨 들이 얼마나 쉽게 부서지고 끊어져버릴 가능성을 품고 있는지. 단 한 번의 선택으로(15).

성냥개비가 사그라들고 있었다. 그 불빛 속에서 생생히 느꼈다. 그 성냥개비의 주인이 얼마나 어린지. 키만 웃자란 소년이라는 걸(21~2).

무게 없는 (앵무새의) 몸(65).

몇 그램 정도일까? 어깨에 앉은 새에게 눈을 맞추며 인선이 대답했다. 글쎄. 이십 그램쯤 될 걸(110).

만 열일곱 살 아이가 얼마나 자신이 밉고 세상이 싫었으면 저렇게 조그만 사람(어머니)을 미워했을까(82)?

여덟 살 여동생 시신을 찾으려고 여기저기 포개지고 쓰러진 사람들을 (13세였던 엄마가) 확인하는데(84).

새들이 조금 먹는 건 위가 정말 작아서 그런 거야.

피도 체액도 아주 조금뿐이어서 약간만 피를 흘리거나 목이 말라도 생명이 위험해진대. 가스 불꽃에서 나오는 약간의 유해물질도 혈액 전체를 오염시킬 수 있다고 해서 전지레인지로 바꿨어(109).

　나는 생각한다. 내가 건천으로 미끄러지지 않았다면 그 전에 (혼자 남아 있는 작은 새에게) 물을 먹일 수 있었을까. 그 순간 제대로 길을 택해 내처 걸어왔다면. 아니. 그전에 터미널에서 더 기다려 산을 가로지르는 버스를 탔다면(155).

　총을 맨 헌병 둘이 짐칸의 앞과 뒤에 서 있고, 아기를 안은 여자들과 노인들을 포함한 수십 명의 사람들이 어깨와 등을 맞댄 채 앉아 있었다. 다섯 살가량으로 보이는 단발머리 여자아이가 어머니로 보이는 젊은 여자의 옆구리에 바짝 몸을 붙이고 앉아, 앵글 밖으로 사라지는 순간까지 카메라 쪽을 응시했다(162).

　그 유골만 다른 자세를 하고 있는 이유가, 흙에 덮이는 순간 숨이 붙어 있었기 때문이라는 생각이 그때 들었어. 고무신도, 전체 골격도 크지 않은 걸 보면 여자거나 십대 중반의 남자인 것 같았어. 그가 만약 십대였다면 출생 연도가 엄마와 얼추 비슷할 것 같았어(211~3).

　점퍼 속에 아기를 넣고 다녔대. (당시 19세이던 아버지는) 친구를 만나면 지퍼 위쪽을 열고 솜털 같은 머리카락을 보여주려고. 아기가 조그만 손을 뻗어올려 셔츠 깃을 움켜쥐는 걸 보고 여자애들이 감탄하는 걸 들으려고(216).

P읍에 있는 국민학교에 한 달간 수용해 있다가 지금 해수욕장이 된 백사장에서 12월에 모두 총살됐어. 모두? 군경 직계가족을 제외한 모두. 젖먹이 아기? 점멸이 목적이었으니까. 무엇을 점멸해? 빨갱이들을(220).

내가 스물두 살, 우리 큰아들이 백일 되실 때라. 우리집 쪽으로 군인들이 총을 막 쏴댐시난 울 애기를 보듬고 솜이불을 뒤집어썼주. 방으로 총알이 들어올까 봐 이불을 쓰고 총소리를 듣는데, 아이들이 있었던 게 자꾸 생각나서 가슴이 떨렸습니다. 우리 아들만한 아기를 안고 있는 여자들도 봤고, 산달인지 배가 불러 허리를 짚고 서 있는 여자도 있었어요. 어둑어둑해지는데 총소리가 멈춰서 문구멍으로 내다봤더니 피투성이로 모래밭에 엎어져 있는 사람들을 군인들이 바다에 던지고 있었습니다(224~5).

그날 모래밭에서 아이들을 봤느냐? 혹시 갓난아기 울음소리도 들었느냐(230)?

애기를 안고 서 있는 여자들을 봤다곡. 정말로 내가

봐서난 모래에 그어 논 금 바로 안쪽에서 여자 셋이 젖먹이를 보듬곡 붙어 서 이서서. 네 살, 일곱 살, 많으면 열 살 먹은 거 같은 아이들 일고여덟이 그디 모여 이서서(231).

바당갓에 떠밀려온 아기가 있었느냐곡. 그날 아니라 담날이라도. 담달에라도(231).

(그때 열세 살이던) 엄마는 자기 손가락을 깨물어 피를 냈대. 피를 많이 흘렸으니까 그걸 마셔야 (여덟 살이던) 동생이 살아날 거란 생각에. 얼마 전 앞니가 빠지고 새 이가 조금 돋은 자리에 꼭 맞게 집게손가락이 들어갔대. 그 속으로 피가 흘러들어가는 게 좋았대. 한순간 동생이 아기처럼 손가락을 빨았는데, 숨을 못 쉴 만큼 행복했대(251).

호송차 여러 대에 올라타기 시작하는데 줄 뒤쪽에서 젊은 여자가 *아니메, 아니메,* 하고 울부짖었습니다. 배에서 숨이 끊어진 젖먹이를 젖은 부두에 놓고 가라고 경찰이 명령한 겁니다. 그렇게 못한다고 여자가 몸부림을 치는데, 경찰 둘이 강보째 빼앗아 바닥에 내려놓고 여자를 앞으로 끌고 가 호송차에 실었어요. 이상한 일입니다. 내가 그 말 못할 고문을 당한 것보다… 억울한 징역을 산 것보다 그 여자 목소리가 가끔 생각납니다. 그

때 줄 맞춰 걷던 천 명이 넘는 사람들이 모두 그 강보를 돌아보던 것도(266~7).

골짜기와 광산과 활주로 아래에서 구슬 무더기와 구멍 뚫린 조그만 두개골들이 발굴될 때까지 그렇게 수십 년이 흘렀고, 아직도 뼈와 뼈들이 뒤섞인 채 묻혀 있어. 그 아이들. 절멸을 위해 죽인 아이들(317~8).

(그들이 절멸을 위해 죽인 아이들) 그들이 왔구나. 무섭지 않았어. 아니, 숨이 쉬어지지 않을 만큼 행복했어 (318).

세상에서 가장 작은 새가 날개를(325).

▨ 눈

눈은 거의 언제나 비현실적으로 느껴진다. 그 속력 때문일까. 아름다움 때문일까(44).

이상하지, 눈은. 들릴 듯 말 듯 한 소리로 인선이 말했다. 어떻게 하늘에서 저런 게 내려오지(55).

이상하지 눈은, 하고 병실 창밖을 향해 중얼거렸을 때 인선이 떠올린 것도 그런 것들이었을까. *어떻게 하늘에서 저런 게 내려오지.* 창 너머의 안 보이는 누군가에게 조용히 항의하는 듯 그녀는 내 얼굴을 보지 않고 물었다. 눈의 아름다움이란 게 받아들이기 어려운 일이기라도 한 것처럼(94~5).

내 뺨에 내려앉은 눈이 이상하게 녹지를 않더래. 꿈속에서 엄마 몸이 덜덜 떨릴 만큼 그게 무서웠대(81).

아버지와 어머니, 오빠와 여덟 살 여동생 시신을 찾으려고 여기저기 포개지고 쓰러진 사람들을 확인하는데, 간밤부터 내린 눈이 얼굴마다 얇게 덮여서 얼어 있었데. 눈 때문에 얼굴을 알아볼 수 없으니까 이모가 차마 맨손으론 못하고 손수건으로 일일이 눈송이를 닦아내 확인을 했대. 그날 똑똑히 알았다는 거야. 죽으면 사람의 몸이 차가워진다는 걸. 맨뺨에 눈이 쌓이고 피 어린 살얼음이 낀다는 걸(84).

이렇게 눈이 내리면 생각나. 그 학교 운동장을 저녁까지 헤매고 다녔다는 여자애가(95).

오직 그 눈에 대해서만 말했을 뿐이야. 수십 년 전 생시에 보았고 얼마 전 꿈에서 보았던, 녹지 않는 그 눈송이들의 인과관계가 당신의 인생을 꿰뚫는 가장 무서운 논리이기라도 한 것처럼. 계속해서 엄마가 말했어. *내가, 내가 눈만 오면 내가,* 그 생각이 남겨. 생각을 안 하젠 해도 자꾸만 생각이 남겨. 헌디 너가 그날 밤 꿈에, 그 추룩 얼굴에 눈이 허영하게 묻었으네… 내가 새벽에 눈을 뜨자마자 이 애기가 죽었구나, 생각을 했주(86).

어떻게 그 눈 속에서 살아남으신 건지. 치매에 걸린 노인 대신 인터뷰를 승낙한 맏딸의 목소리가 바람소리와 눈 밟는 소리 위로 겹쳐졌다(131).

물은 언제까지나 사라지지 않고 순환하지 않나. 인선의 어머니가 보았다던 학교 운동장의 사람들이 연이어 떠오른다. 그들의 얼굴에 쌓였던 눈과 지금 내 손에 묻은 눈이 같은 것이 아니란 법이 없다(133).

불이 당겨지면 네(인선) 손을 잡겠다고 나(경하)는 생각했다. 눈을 허물고 기어가 네 얼굴에 쌓인 눈을 닦을 거다. 내 손가락을 이로 갈라 피를 주겠다(324).

▨ 악몽

그 꿈을 꾼 것은 2014년 여름, 내가 그 도시의 학살에 대한 책을 낸 지 두 달 가까이 지났을 때였다. 그 후 사 년의 시간이 흐르는 동안 나는 그 꿈의 의미를 의심하지 않았다. 그 도시에 대한 꿈만이 아니었을지도 모른다고. 빠르고 직관적이었던 그 결론은 내 오해였거나 너무 단순한 이해였는지도 모른다고 처음 생각한 것은 지난여름이었다(11).

2012년 겨울. 그 책을 쓰기 위해 자료를 읽으면서부터 악몽을 꾸기 시작했다. 처음에는 직접적인 폭력이 담긴 꿈들이었다(17).

　날카로운 쇠붙이를 깔고 자야 악몽을 안 꾼다는 미신을 엄마는 믿었거든. 하지만 실톱을 깔고도 엄마는 자주 꿈을 꿨어(78).

　나무들이 악몽을 견디는 사람들처럼 느껴진다(145).
　의식이 꺼지는 순간마다 예리한 꿈이 파고든다(170).
　부서질 듯이 문과 창문들이 덜컹거린다. 바람이 아닌지도 모른다. 정말 누가 온 건지도 모른다. 집에 있는 사람을 끌어내려고. 찌르고 불태우려고. 과녁 옷을 입혀 나무에 묶으려고(171).

　이상한 밤이라고 나는 생각한다. 누구에게도 하지 않았을 이야기를 고백하고 있다. 밤마다 악몽이 내 생명을 도굴해간 걸 말이야(237~8).

　인간이 인간에게 어떤 일을 저지른다 해도 더 이상 놀라지 않을 것 같은 상태… 심장 깊은 곳에서 무엇인가가 이미 떨어져나갔으며, 움푹 파인 그 자리를 적시고 나온 피는 더 이상 붉지도, 힘차게 뿜어지지도 않으며, 너덜너덜한 절단면에서는 오직 단념만이 멈춰줄 통증이 깜빡이는… 그게 엄마가 다녀온 곳이란 걸 나는 알았어. 악몽에서 깨어 세수를 하고 거울을 보면, 그 얼굴에 끈질기게 새겨져 있던 무엇인가가 내 얼굴에서도 배어나오고 있었으니까(316).

이상한 호흡

수면의 질이 차츰 나빠지고 호흡이 짧아지면— 왜 숨을 그렇게 쉬는 거야, 라고 아이가 어느 날 나에게 불평했다(19).

여전히 깊이 잠들지 못한다. 여전히 제대로 먹지 못한다. 여전히 숨을 짧게 쉰다(28).

숨을 죽여 몸서리를 치고 이따금 들고양이처럼 이상한 소리를 내면서 흐느껴 울었어. 그 모습, 그 소리가 나한테 지옥이었어(78).

학살

내가 서 있는 벌판의 한쪽 끝은 야트막한 산으로 이어져 있었는데, 등성이부터 이편 아래쪽까지 수천 그루의 검은 통나무들이 심겨 있었다. 여러 연령대의 사람들처럼 조금씩 다른 키에, 철길 침목 정도의 굵기를 가진 나무들이었다. 하지만 침목처럼 곧지 않고 조금씩 기울거나 휘어 있어서, 마치 수천 명의 남녀들과 야윈 아이들이 어깨를 웅크린 채 눈을 맞고 있는 것 같았다. 묘지가 여기 있었나. 이 나무들이 다 묘비인가. 지평선인 줄 알았던 벌판의 끝은 바다였다. 왜 이런 데다 무덤을 쓴 거야(9~10)?

　삼만 명이었어요. 대만에서도 삼만 명. 오키나와에서는 십이만 명이 살해되었는데요(136).

　피투성이로 모래밭에 엎어져 있는 사람들을 군인들이 바다에 던지고 있었습니다. 처음엔 옷가지들이 바다에 떠 있는 줄 알았는데 그게 다 죽은 사람들이었어요. 다음날 새벽에 내가 우리 아기를 업고 아기 아빠 몰래 바닷가로 갔습니다. 떠밀려 온 젖먹이가 꼭 있을 것 같아서 샅샅이 찾았는데 안 보였어요. 사람이 그렇게 많았는데. 옷가지 한 장 신발 한 짝도 없었어요. 총살 했던 자리는 밤사이 썰물에 쓸려가서 핏자국 하나 없이 깨끗했습니다. 이렇게 하려고 모래밭에서 죽였구나, 생각이 들었어요(225~6).

　거의 모든 마을에서 패턴이 같아. 학교 운동장에 모은 다음 근처 밭이나 물가에서 죽였어(249).

　1948년 11월 중순부터 석 달 동안 중산간이 불타고 민간인 삼만 명이 살해된 과정을 그 오후에 읽었다. 1949년 3월에 임명된 사령관은 빗질하듯 한라산을 쓸어 공비들을 소탕하겠다는 계획을 발표했고(262).

　그해 경북 지역에서 죽은 보도연맹 가입자가 대략 만

명이야. 나도 알지. 전국에서는 최소한 십만 명이 죽었다고 하잖아. 고개를 끄덕이는 동시에 나는 입속으로 묻는다. 더 죽이지 않았나. 1950년 전쟁이 터지자 명단대로 예비검속되어 총살됐다. 전국에 암매장된 숫자를 이십 만에서 삼십 만 명까지 추정한다고 했다(272~3).

 P읍의 초등학교로 끌려갔던 세천 사람들이 백사장에서 총살된 걸 아버지가 알게 된 게 (대구형무소에 제주도 사람들이 추가로 수감된) 그때였어(296).

 이 섬에 사는 삼십만 명을 다 죽여서라도 공산화를 막으라는 미군정의 명령이 있었고, 그걸 실현할 의지와 원한이 장전된 이북 출신 극우 청년단원들이 이 주간의 훈련을 마친 뒤 경찰복과 군복을 입고 섬으로 들어왔고, 해안이 통제되었고, 언론이 통제되었고, 갓난아기의 머리에 총을 겨누는 광기가 허락되었고 오히려 포상되었고, 그렇게 죽은 열 살 미만 아이들이 천오백 명이었고, 그 전례에 피가 마르기 전에 전쟁이 터졌고, 이 섬에서 했던 그대로 모든 도시와 마을에서 추려낸 이십 만 명이 트럭으로 운반되었고, 수용되고 총살돼 암매장되었고, 누구도 유해를 수습하는 게 허락되지 않았어(317).

▨ 물속 사망

모르는 여자들과 함께, 그녀들의 아이들과 손을 나눠 잡고 서로 도우며 우물 안쪽 벽을 타고 내려갔다. 아래쪽은 안전할 줄 알았는데, 예고 없이 수십 발의 총탄이 우물 입구에서 쏟아져 내렸다. 여자들이 아이들을 힘껏 안아 품속에 숨겼다. 바짝 마른 줄 알았던 우물 바닥에서 고무를 녹인 듯 끈끈한 풀물이 차올랐다. 우리들의 피와 비명을 삼키기 위해(20~1).

　다 함께 달리다 칠흑 같은 강에 뛰어들었는데, 물속으로 쏟아진 총알이 당신만을 피해간 걸 이해할 수 없다고 어머니는 말씀하시곤 했어요. 강을 헤엄쳐 건너고 보니 이쪽 기슭엔 자신뿐이었다는 거예요(132).

　피투성이로 모래밭에 엎어져 있는 사람들을 군인들이 바다에 던지고 있었습니다(225).

■ 광주

　2012년 겨울. 그 책을 쓰기 위해 자료를 읽으면서부터 악몽을 꾸기 시작했다. 처음에는 직접적인 폭력이 담긴 꿈들이었다(17).

　그해 봄에 학살을 명령한 자가 거기 있었다. 남은 사람은 나를 포함해 둘뿐이었다. 지금 그를 죽여야 하는 건가? 하지만 어떻게? 그럴 우리가 어떻게(21)?

검은 나무들을 심는 프로젝트를 하지 않는 게 좋겠다고. 내가 처음부터 꿈의 의미를 잘못 이해했다고. 정말 미안하다고. 나중에 만나 자세히 이야기하자고(52).

까무라칠 것같이 아팠는데. 정말 차라리 까무라치고 싶었는데. 왜 그때 네 책 생각이 났는지 몰라(56).

손가락 두 개가 잘린 게 이만큼 아픈데. 그렇게 죽은 사람들 말이야. 목숨이 끊어질 정도로 몸 어딘가가 뚫리고 잘려나간 사람들 말이야(57).

▨ 구토

두통이 시작되면 먹은 것을 모두 변기에 토했다(13).

일단 두통이 시작되면 결국 토하게 된다(68).

약사는 겔포스를 주는데 왠지 그걸 먹으면 더 토할 것 같아서 이걸 사왔어요(238~9).

엄마가 쪼그리고 앉아 토하고 있었다고 했어. 위액만 게워져 나올 때까지 계속(290~1).

▨ 불꽃

성냥개비가 사그라들고 있었다. 그 불빛 속에서 생생히 느꼈다. 그 성냥개비의 주인이 얼마나 어린지. 키만 웃자란 소년이라는 걸(21~2).

돌연한 생기를 머금고 반짝이는 그녀의 두 눈을 피하지 못한 채 나는 (앵무새를 구하러 제주도에 가 달라는) 다음 말을 기다리고 있었다(58).

혼자만 산 이유를 알고 싶다는 생각만 하면 불꽃 같은 게 활활 가슴에 일어서 얼어 죽지 않은 것 같다고 어머니는 말씀하셨어요(132).

무엇을 생각하면 견딜 수 있나/ 가슴에 활활 일어나는 불이 없다면/ 기어이 돌아가 껴안을 네가 없다면(134).

더 이상 먹지 않는 (이미 죽은) 아마를 향해 나는 손을 내밀었다. 아무렇지 않은 걸음으로 새가 내 손바닥 위로 올라왔다. 가칠가칠한 발이 살갗에 닿는 순간, 심장과 눈동자에 동시에 불이 당겨진 듯 추위가 가셨다(184).

서울에선 이제 이런 성냥 찾으려 해도 없는데. 정류장 앞 점방에서 샀어. 몇 십 년은 된 것 같은데 불은 잘 당겨져(189).

인선이 어디선가 사은품으로 받은 듯한 조그만 성냥갑에서 성냥개비를 꺼냈다. 마찰음과 함께 불꽃이 일었다(200~1).

그날 모래밭에서 아이들을 봤느냐? 그 말을 막 들어신디 명치 이신 데 이디, 오목가심 이디, 무쇠다리미가 올라앉은 것추룩 숨이 막혀서. 내가 죄지은 것도 어신디 무사 눈이 흐리곡 침이 말라신디 모르주. 몰른다고 내보내야 하는 것을 알명도 이상하게 대답을 하고 싶었지. 그래 사실대로 대답을 했지. 심장이 벌어질 것추룩 뛰멍 말이 더듬더듬 나와신디(230).

살아있는 누구도 더 이상 곁에 남지 않은 걸 말이야. 아닌데, 하고 인선이 내 말을 끊고 들어온다. 아무도 남지 않은 게 아니야, 너한텐 지금. 그녀의 어조가 단호해서 마치 화가 난 것 같았는데, 물기 어린 눈이 돌연히 번쩍이며 내 눈을 꿰뚫는다. …내가 있잖아(238).

악몽에서 깨어 세수를 하고 거울을 보면, 그 얼굴에 끈질기게 새겨져 있던 무엇인가가 내 얼굴에서도 배어나오고 있었으니까. 믿을 수 없는 건 날마다 햇빛이 돌아온다는 거였어(316).

밤에 취침등이 밝혀진 감방에서 그걸(반쯤 탄 대숲과 동백들이 다시 울창해지는 등 바다 건너편의 풍경) 보고 있다가 눈을 감으면 방금까지 나무들이 있던 자리마다 콩알같이 작은 불꽃들이 떠 있었다고 했어(323).

나는 성냥을 그었다. 한번 더 내리치자 성냥개비가 꺾였다. 부러진 데를 다듬어 쥐고 다시 긋자 불꽃이 솟았다. 심장처럼. 고동치는 꽃봉오리처럼(325).

■ 사랑, 가족

제대로 볼수록 고통스러운 사진(32).

내가 인선의 가족이 아니어서 다행이라고 그 순간 생각해버렸다. 내 손으로 삼 분에 한 번씩 저 바늘들을 그녀의 손가락에 찌르지 않아도 된다는 사실이(43).

간병인이 인선의 상처에 서슴없이 바늘을 찔러넣는 동작을 나는 똑똑히 다시 보았고, 인선과 함께 숨을 멈춘 채 후회했다. 좀 전에 병원 로비에서 이미 깨닫지 않았던가. 제대로 들여다볼수록 더 고통스럽다는 걸(49).

이렇게 추운 데서 어떻게 지내느냐고 내가 물으면 아버지는 이해할 수 없는 말을 했어요. 밤낮이 어신 거라이, 군사 작전이라는 건. 어멍이 기다릴 건디. 내가 어멍이라는 말을 뱉는 순간 아버지의 몸 전체가 움찔 떨리는 걸, 전류가 옮겨온 것처럼 느낄 수 있었어요. 그러니까 우릴 따라와서야 해신디(160).

아미는 죽었어, 여러 달 전에. 아마는 사흘을 물만 먹었어. 그렇게 좋아하던 오디도 안 먹었어(196).

가호마다 주민 명부를 대조한 군인들이, 집에 없는 남자는 무장대에 들어간 걸로 간주하고 남은 가족을 대살代殺한 거야(218).

겨우 일 주일 만에 아버지는 붙잡혔어. 시신을 매장

하러 올 사람들을 잡으려고 (경찰이) 매복하고 있었던 거야(219).

P읍에 있는 국민학교에 한 달간 수용해 있다가 지금 해수욕장이 된 백사장에서 12월에 모두 총살됐어. 모두? 군경 직계가족을 제외한 모두(220).

무거운 두 다리를 끌며 여자가 비탈을 오른다. 고개를 넘어가면 살아남을 수 있다. 거기서 돌아보지만 않으면. 하지만 기어이 얼굴을 돌린다. 무엇이 거기에 있기에 계속 돌아보았나. 건지고 싶은 사람이 있었을 것 아니야. 그래서 계속 돌아본 거 아니야(241~2)?

외증조할머니가 큰아들 내외와 살고 있었는데, 그분들은 소개령이 내리자마자 바닷가 당숙네로 내려가서 그 밤을 피했어. 신세질 곳이 있었으니 운이 좋았지(244).

정신이 흐려지면서 엄마가 가장 많이 이야기한 게 (손가락을 깨물어 흘린 피를 막내의 입에 넣어준) 그날 밤의 일이야(251).

그 어린 것이 집까지 기어오명 무신 생각을 해시크냐? 어멍 아병은 숨 끊어져그네 옆에 누워 이신디 캄캄한 보리왓에서 집까지 올 적에난. 심부른 간 언니들이 돌아올 걸 생각해실 거 아니라? 언니들이 저를 구해줄 거라 생각해실 거 아니라(252)?

나는 나 자신에게 묻는다. 이것을 보고 싶은가. 병원 로비에 붙어 있던 사진들처럼. 정확히 보지 않는 편이 좋은 종류가 아닐까(256).

살아서 이미 유령인 사람(288).

다음에 오자, 눈 그치고 다시. 고집스럽게 고개를 저으며 인선이 말했다. …다음이 없을 수도 있잖아(307).

결국 엄마는 실패했어. 뼈를 찾지 못했어, 단 한 조각도(286).

유족회에서 가장 열성적인 멤버가 엄마였다(289).

그 여름 제주 사람 삼백 명이 (대구형무소에) 새로 들어온 게 제일 반가운 일이었다고 아버지는 말했대. 무엇보다 가족의 소식을 들을 기회였으니까. P읍의 국민학교로 끌려갔던 세천 사람들이 백사장에서 총살된 걸 아버지가 알게 된 게 그때였어(296).

내 기척에 엄마가 돌아보고는 가만히 웃으며 내 뺨을 손바닥으로 쓸었어. 그때 알았어. 사랑이 얼마나 무서운 고통인지(311).

점점 나에게 말을 걸지 않고, 가끔 말한다 해도 단어들이 섬처럼 흩어졌어. 하지만 내가 까서 준 귤을 받아들면 가만히 웃었어. 그럴 때면 심장이 벌어지는 것 같았던 기억이 나. 아이를 낳아 기르면 이런 감정을 느끼게 되는 걸까 생각했던 것도(314).

　1960년 당시 엄마가 이 집과 대구와 경산을 오가며 몸을 실었을 배편과 버스, 기차의 경로를 추측하고 시간을 계산하면서 내가 서서히 미쳐가고 있다고 느꼈어. 자료가 쌓여가며 윤곽이 선명해지던 어느 시점부터는 스스로가 변형되는 걸 느꼈어. 인간이 인간에게 어떤 일을 저지른다 해도 더 이상 놀라지 않을 것 같은 상태… 심장 깊은 곳에서 무엇인가가 이미 떨어져나갔으며, 움푹 파인 그 자리를 적시고 나온 피는 더 이상 붉지도, 힘차게 뿜어지지도 않으며, 너덜너덜한 절단면에서는 오직 단념만이 멈춰줄 통증이 깜빡이는… 그게 엄마가 다녀온 곳이란 걸 나는 알았어(315~6).

▒ 손을 잡다

　그가 두 손을 내밀어 내 손을 잡으려 해서 나도 두 손을 내밀었다. 네 개의 손이 겹겹이 맞잡은 채 우리는 서로를 마주보았다. 내가 누구인지 알고 싶어 싶은 듯, 호기심과 의심이 뒤섞인 눈으로 그는 내 얼굴을 곰곰이 살피고 있었다. 마침내 먼저 손을 놓으며 다시 부드럽게 미소 짓는 그에게 내가 머리 숙여 인사하고(100).

　절망적인 결론에 다다를 때마다 (아버지가) 내 손을

잡는다는 걸 알 수 있었어요. 그의 몸에서 배어나온 조용한 전율이 빨래를 쥐어짜는 순간 쏟아지는 물처럼 손을 적시는 걸 느꼈어요(161).

깜빡 잠들었다가 눈을 뜰 때마다 혼란스러웠어요. 여기는 집이 아니라 동굴이고, 얼굴도 몸도 보이지 않는 아버지의 손이 내 손을 아직도 쥐고 있다는 걸 깨닫는 순간이 얼마 뒤에 찾아왔어요. 그 손이 아니었다면 나는 소리를 냈을 거예요. 엄마를 찾거나 울음을 터뜨렸을지도 몰라요. 그걸 알았기 때문에 아버지가 내 손을 잡고 있었던 것 같습니다. 어둠 속에서, 다른 손으로 내 입을 틀어막을 준비를 하고 있었는지도 모릅니다. 잠결에라도 내가 소리 내지 않게 하려고. 언제 그 굴 앞을 지나갈지 모를 존재들에게 들키지 않기 위해(161~2).

잘 놀다 가세요. 인선의 어머니가 내 귀에 속삭인다. 내 두 손에 쥐여진 그의 손이 죽은 새처럼 작고 싸늘하다(171).

더 이상 먹지 않는 (이미 죽은) 아마를 향해 나는 손을 내밀었다. 아무렇지 않은 걸음으로 새가 내 손바닥 위로 올라왔다. 가칠가칠한 발이 살갗에 닿는 순간, 심장과 눈동자에 동시에 불이 당겨진 듯 추위가 가셨다(184).

이게 얼마만이야. 어떻게 지냈어. 인사를 나누는 동

안엔 손을 잡고 있었다(198).

인제 오빠 머리 안 이상함시? 그 말이 듣기 좋았다고 엄마는 말했어. 그날은 셋이 바위에 걸터앉아 절반 넘게 도시락을 먹었다고. 다 같이 웃기도 했다고. 헤어지기 전에 손도 마주잡았다고(265).

가볍고 주름진 두 손이 이불 속에서 뻗어나와 내 두 손을 잡던 순간이 스쳐간다. 잘 놀다 가세요. 의심과 신중함, 무미한 따스함이 섞인 두 눈이 나를 마주보았다(272).

시내에서 모이면 집이 멀다며 늘 엄마가 가장 먼저 일어섰다고. 그때마다 두 손으로 (제주 유족회) 회원들의 손을 잡았다고 했어(289).

그때 내가 무사 오빠신디 머리가 이상하다고 해살카? 무사 그런 말밖에 못해실카? 기억나는 건, 그렇게 물을 때면 엄마는 내 손을 놓았던 거야(298).

불이 당겨지면 네 손을 잡겠다고 나는 생각했다. 눈을 허물고 기어가 네 얼굴에 쌓인 눈을 닦을 거다. 내 손가락을 이로 갈라 피를 주겠다(324).

▨ 증언

한국군 성폭력 생존자들을 인터뷰한 기록(33).

후속작은 1940년대 만주에서 독립군으로 활동했던

할머니의 치매에 걸린 일상을 다룬 것(34).

그때도 지금도 어른들은 그 이야기를 꺼내지 않으니까(85).

그걸 당신에게 물으려고 이 사람이 한국에서 왔습니다. 마침내 노인이 입을 떼었다. *내가 이야기해줄게*(97).

그 밤에 군인들이 왔지. 노인의 낮은 음성이 자막과 함께 화면으로 들어왔다(108).

죽기 전에 이야기 안 하민 아무도 모르게 된다 허멍 부탁하는 거라. 틀린 말 아니다 싶어그네 그때 처음 고 랐지. 우리 서방이 살아 이서시민 질색해실 일인디 일찍 주거부러난 나를 못 말렸주. 저승에서 쫓아왕 말릴 수도 엇고 어쩔 거라. 귀신이 이시난 꿈에라도 와그네 말릴 건디 아직 그런 적도 어서(227).

그날 모래밭에서 아이들을 봤느냐? 그 말을 막 들어 신디 명치 이신 데 이디, 오목가심 이디, 무쇠다리미가 올라앉은 것추룩 숨이 막혀서. 내가 죄지은 것도 어신디 무사 눈이 흐리곡 침이 말라신디 모르주. 몰른다고 내보내야 하는 것을 알명도 이상하게 대답을 하고 싶었지. 그래 사실대로 대답을 했지. 심장이 벌어질 것추룩 뛰멍 말이 더듬더듬 나와신디(230).

아무 흔적도 어신 댓돌에 나가 앉앙 시퍼런 바당을

내당봐서. 꼭 그 사름 발소리가 다시 들릴 것 같아신디. 그걸 내가 기들리는 것인지 겁내는 것인지 알 수가 어섰주게(232).

그후로는 엄마가 모은 자료가 없어. 삼십사 년 동안. 인선의 말을 나는 입속으로 되풀이한다. 삼십사 년. … 군부가 물러나고 민간인이 대통령이 될 때까디(281).

피투성이 옷을 입은 앳된 청년이 갈아입을 옷을 달라고, 이 집에서 옷을 얻은 걸 아무한테도 말 안 할 테니 부탁한다고 사정했대요. 후환이 무서운 시절이라 두 집은 거절했는데 한 집에서 옷을 내줬답니다(290).

감옥에서 보낸 마지막 몇 년간 타일 기술을 배워서 보수 없이 마을 일을 해주며 천천히 평판을 쌓아갔어. 하지만 군사정권하에, 한 달에 두 번 경찰이 동태를 조사하러 오는 전과자와 허물없이 지내려 하는 사람은 없었어(294).

아버지는 엄마와 이야기하고 싶어하지 않았어. 늦은 가을에 엄마가 다시 찾아갔을 때도 정중히 거절했어. 해가 바뀌고 이른 봄에 다시 찾아갔을 때에야 말했대. 눈들이 무서우니 시내에서 만나자고(294).

입을 떼는 순간 적의 편으로 낙인찍힐 다른 모든 사람들도 침묵했으니까. 골짜기와 광산과 활주로 아래에서 구슬 무더기와 구멍 뚫린 조그만 두개골들이 발굴될 때까지 그렇게 수십 년이 흘렀고, 아직도 뼈와 뼈들이 뒤섞인 채 묻혀 있어. 그 아이들. 절멸을 위해 죽인 아이들(317~8).

▣ 삼촌

나는 그를 부른다. 삼촌. 이 섬에서는 손윗사람을 삼촌이라고 불러야 한다고 인선은 나에게 말했다(98).

그 여름 저녁 길목에서 기다리던 엄마가 삼촌, 하고 불렀을 때 아버지가 뒤를 돌아본 건, 그렇게 살갑게 자신을 부를 사람이 없다고 생각했기 때문이었어. 외삼촌의 이름을 듣고서야 아버지 눈이 흔들렸다고 엄마는 말했어. 외가에 오곤 하던 한지내 남매들 중 하나란 것 알아본 거야(294).

▣ 문

환자를 급히 트럭 짐칸에 실으며 아무도 불을 끄지 않은 거다. 문을 닫을 겨를조차 없었던 거다(142).

눈을 바로 뜨고 멀리 있는 불빛을 본다. 인선의 목공방이다. 철문이 활짝 열려, 마치 빛의 섬 같은 그곳에서 불빛이 쏟아져 나오고 있다(142).

■ **치매**

1940년대 만주에서 독립군으로 활동했던 할머니의 치매에 걸린 일상을 다룬 것(34).

치매 초기라고 들었던 인선의 어머니가 예상 밖으로 깔끔하고 차분한 노인이어서 나는 놀랐다(82).

치매에 걸린 노인 대신 인터뷰를 승낙한 맏딸의 목소리가 바람소리와 눈 밟는 소리 위로 겹쳐졌다(131).

아버지가 여느 때와 달라져서 멍하게 벽에 기대앉아 있는 날이면 어머니는 나를 불렀어요. 내 손에서 귤을 건네받으며 아버지는 반쯤 웃었어요. 마치 두 세계를 사는 사람 같았어요. 한 눈으로는 나를 보고 다른 한 눈으론 내 몸 너머 다른 빛을 보는 것같이. 어두운 방인데도 부신 듯이 눈을 가늘게 뜨고 나를 올려다봤어요(165).

그때(유일한 생존자가 있다는 말을 들은 후)부터 엄마 안에서 분열이 시작된 건지도 몰라. 두 개의 상태에 그날 밤의 오빠가 동시에 있게 된 뒤부터(291).

1960년 당시 엄마가 이 집과 대구와 경산을 오가며 몸을 실었을 배편과 버스, 기차의 경로를 추측하고 시간을 계산하면서 내가 서서히 미쳐가고 있다고 느꼈어. 자료가 쌓여가며 윤곽이 선명해지던 어느 시점부터는 스스로가 변형되는 걸 느꼈어(315~6).

▨ 유일한 생존자

그 청년이 외삼촌이었을 확률이 0은 아니야. 인선이 속삭여 말한다. 물론 추측할 수 있어. 그 사람이 외삼촌이었다면 어떻게든 이후에 섬으로 돌아왔을 거라고… 하지만 확신할 수 있을까? 그런 지옥에서 살아난 뒤에도 우리가 상상하는 선택을 하는 사람으로 남을 있었을까(291)?

어떻게 돌아오신 거야, 라고 내가 인선에게 물은 것은 갱도를 기어가는 그의 눈에 그녀의 눈이 겹쳐졌기 때문이었다. 백자 같은 얼굴의 남자를 닮은 눈. 물기를 머금은 듯 광채를 쏘는 눈으로 인선이 되묻는다. 누구 말이야? 내 질문이 상대를 다치게 할지도 모른다는 망설임을 어기고 나는 말한다. 네 아버지(292~3).

▨ 15년

느네 아방이 소나이다워서만 아마 내가 싫어실 거라. 처음 봐신디 소나이 얼굴이 얼마나 곱닥하던지. 십오 년을 햇빛을 못 봐난 그래나신가. 살갗이 버섯처럼 허영했주게. 그런 사름을 다들 피하는 게 잘도 이상해서. 죽었던 사름이 돌아온 것추록 눈초리 한 번만 섞어도 귀신을 옮길 사름인 것추록(164).

노란 포스트잇에 인선이 검정 플러스펜으로 써놓은

연도와 날짜를 나는 읽는다. 십오 년 전 가을이다(224).

딱 한 번 뿐이여. 연구소 사람들 오기 전에 누구헌티 고랐던 거는. 그 시국 때 젖 먹던 우리 아들이 중학교 댕길 적이그네. 한 십오 년 지나실 때(229).

꼭 내가 그 사름을 기다렸던 것추록. 누게가 이걸 물어봐주길 기다리멍 십오 년을 살았던 것추록. 그래 사실대로 대답을 했지(230).

이 사람이 유족회장이야. 이듬해 5월 군사 쿠데타 직후 체포돼서 사형 언도를 받았어. 옆에 있는 총무는 십오 년 형이 나왔어(278).

오십 년 동안 입구를 밀봉했던 콘크리트가 부서지자, 갱도를 타고 내려갈 공간도 없이 어마어마한 유해들이 쏟아져 나왔다(284).

대구형무소에 수감됐던 사람이 십오 년 형기를 마치고 돌아왔다는 소문을 엄마는 일 년 전부터 들어 알고 있었어(293).

섬을 떠나 있던 십오 년 동안 아버지가 저 건너편을 지켜봤다고 그날 엄마는 말했어(321).

▨ 고문

아홉 살 되던 겨울에 간 게 (동굴에 간) 마지막이었

어요(157).

　느네 아방 가져당주라. 안 받으면 입에다 넣어드려불라. (치매 초기의) 아버지가 그것들을 먹다가 문득 환상에서 빠져나오길 어머니는 바랐던 것 같아(165).

　일제 때 부역하던 고등계 형사들이 그대로 남아 해방 전에 하던 대로 고문을 한다고. 그렇게 읍내 경찰서에서 죽은 고등학생이 있다는 이야기를 할아버지가 듣고 온 뒤로는 아버지 혼자 동굴에 숨어 지내게 했대(217).

　아버지 손이 (증언 할머니가 준) 물그릇을 받을 수 없을 만큼 떨렸던 건 그 순간의 감상 때문이 아니야. 손이 떨리던 것도 고문 후유증이었어(234~5).

　양쪽에서 안기는 동생들을 마주 안지 않고 멍하게 서 있는 외삼촌한테, 인솔을 맡은 듯 어깨에 흰 띠를 두른 젊은 남자가 말했대. 눈감아줄 테니 물 길어올 때까지만 이야기하고 있으라고. 그 사람이 돌아올 때까지 십 분이 채 걸리지 않았는데, 그때 엄마는 오래 후회하게 될 말을 했어. '오빠 머리가 무사 그러멘? 머리가 이상해. 그날 외삼촌은 다른 사람처럼 모든 것에 무심해 보였대. 일행의 모습이 멀리서 보이자 뒤돌아보지 않고 달려가 제 몫의 물통을 받아들었대(263~4).

　젖은 가슴을 야전 전화선으로 묶고 전기를 흘려 넣었

다고 했어. 산사람과 내통한 친구들의 이름을 대라고 그 사람이 속삭일 때마다 아버지는 대답했다고 했어. 모루쿠다. 죄 어수다. 나 죄 어수다. (주정공장에서 받았던 고문들에 대한) 그 이야기가 끝날 때마다 엄마는 맥락 없이 자책했어. 그때 내가 무사 오빠신디 머리가 이상하다고 해실까? 무사 그런 말밖에 못해실까(297)?

▩ 행복

 (그때 열세 살이던) 엄마는 자기 손가락을 깨물어 피를 냈대. 피를 많이 흘렸으니까 그걸 마셔야 (여덟 살이던) 동생이 살아날 거란 생각에. 얼마 전 앞니가 빠지고 새 이가 조금 돋은 자리에 꼭 맞게 집게손가락이 들어갔대. 그 속으로 피가 흘러들어가는 게 좋았대. 한순간 동생이 아기처럼 손가락을 빨았는데, 숨을 못 쉴 만큼 행복했대(251).

 (그들이 절멸을 위해 죽인 아이들) 그들이 왔구나. 무섭지 않았어. 아니, 숨이 쉬어지지 않을 만큼 행복했어(318).

최영

제주 함덕 바다에서 1

함덕 바다는
아이들을 잘 낳아서 잘 키울 거 같은
조선 처녀의 엉덩이를 닮았다

하얀 엉덩이를 보여주며
쏴아아 철썩 .. . ...

막걸리부터 한잔 마시고
밥을 숟가락으로 푹 떠서 순댓국에 말며
그래 사랑한다
사랑한다
사랑한다

현진건도 함덕 바다를 너무 사랑해서 객기를 부렸나 보다
사원들끼리의 송년 회식 자리에서 동아일보 사장
김성수에게 이놈아 술을 먹어
먹으라며 뺨을 때렸다

뺨을 맞고도 내치지 않은 김성수는
현진건이 죽자 영전 아래서 통곡을 했다
여보게 진건이 사랑한다
사랑한다
사랑한다

조선 처녀의 엉덩이 같은
함덕 바다를 본 사람들은 영원히 잊지 못한다
쏴아아 철썩 … …

최영

내 첫사랑은 에메랄드빛 함덕 바다

추적추적 내리는 가을비와 까만 우산과
목도리를 벗어 갯바위에 얹고 하염없이 앉아있던
내가 생각난다

연애 감정이 없는 줄 알았는데
에메랄드빛 함덕 바다야 사랑한다
사랑한다 사랑한다

하얀 모래를 바라보며
설렘을 고백하던
내가 보고 싶다

내일 또 오겠다며 기다려달라는 약속을 나는 지키지 못했구나

술집에서 떠들썩하게 하는 약속이 돼버렸구나
4·3평화공원에서도 가족과 함께 있어도 함덕바다 너를 생각했다

수많은 바다 중에
첫사랑은
에메랄드빛 함덕 바다

내 발자국과
카페 라테가 생각난다
나도 사랑해 달라며 우산을 피아노처럼 두드리던 빗줄기
쏴 아아 철썩 ... .

정만진 장편소설 <우현서루> 연재 중
수성못 주모

　공장 안은, 말을 해도 바로 옆 사람이 알아듣지 못할 만큼 시끄러웠다. 열여섯 살 때, 그녀1)는 평양 방직공장에 다녔다. 3교대로 출근했는데, 기계 앞에서 저녁 시간을 보내야 하는 주에는 어쩔 도리 없이 빠졌지만 그렇지 않은 날들은 하루도 어김없이 야학에 갔다.
　그녀에게 야학은 삶의 보람이자 남모를 기쁨이었다. 책을 읽고 글을 쓸 수 있게 된 것은 그날까지 꿈에서조차 단 한 번도 엄두를 내어보지 못한 호사였다. 야학에 다닌 지 두 달 만에 한글을 깨쳤을 때 그녀는 가장 먼저 압록강 아래 두메산골의 부모에게 편지를 썼다. 제 아버지와 어머니가 문맹이라는 사실조차 깜빡 잊었을 만큼 그렇게 신이 났었다.
　'아차!' 하는 생각이 난 것은 우편소에서 나오려고 문고리를 잡은 찰나였다. 처음에는 '어쩌지? 부쳐봐야, 마

---

　1) <수성못 주모>의 '김실'은 <작별하지 않는다>의 16세 독립군 소녀를 10년가량 앞당겨 재현한 인물입니다.

을에 글 아는 사람이 아무도 없어 읽어달랄 곳도 없는데…' 싶었고, 그 다음에는 '안 보낸다 하고 우편료를 돌려 달라 해?' 싶었다. 그런데 미처 문고리에서 손을 떼기도 전에 해결책이 떠올랐다. '우편배달부한테 부탁을 하시겠지!'

　야학 선생님 중 한 분한테 그 이야기를 들었었다.

　"내가 평양신학교를 거쳐 숭실전문학교에 다니는 학생이니까 여러분들 중에는 대단한 부잣집 도련님인가 지레짐작하는 수도 있겠지만, 전혀 그렇지 않습니다. 나의 아버지 어머니는 개마고원 삼수갑산에서 화전을 일구고 살아가는 정말 가난한 빈민이지요. 어느 날 선교사가 그곳까지 왔고, 교회에서 나를 평양신학교로 보내주었습니다. 지금도 내가 편지를 보내면 아버지 어머니께서는 우편배달부에게 읽어달라 하신답니다. 마을 전체에 글 아는 사람이 단 한 명도 없으니까요."

　그 선생님은 스물다섯 넘은 노총각이었지만, 어린 시절을 화전민촌에서 보낸 기미라고는 손톱만큼도 찾아볼 수 없을 정도로 얼굴이 뽀얗고 고왔다. 강의를 하거나 그냥 일상 대화를 주고받을 때 그 선생님의 하얗고 고른 치열을 보면서[2] 그녀는 콩닥콩닥 가슴이 뛰었다.

---

　2) 여기서 '하얗고 고른 치열'은 단정한 용모를 상징하는 표현입니다. 그런데 <소년이 온다>에는 그 반대로 사용

하지만 아무리 자신과 같은 화전민촌 자식이라 해도 그는 어디까지나 까마득한 전문학교 학생이었다. 나이 차이를 뛰어넘어 그저 언감생심이었다. 그래서 아무에게도 말할 수 없었지만, 그래도 그녀는 그 선생님 얼굴을 쳐다보는 비밀스러운 보람으로 '비가 오나 눈이 오나 바람이 부나'3) 야학에 출석했다.

하루는 야학에 가니 그 선생님이 보이지 않았다. 다른 남자 선생님들도 모두 안 보였다. 수업이 진행되지 않는 상황에, 학생들이 웅성거리고 있었다. '야학이 문을 닫나? 지금까지 그런 낌새는 전혀 없었는데?'

교사들 네 명 중 홍일점인 여자 선생님이 교실로 와서 말했다.

"여러분, 미리 알려드리지 못해서 미안합니다. 가장 궁금하게 여길 것 같은 부분을 말씀드리면, 야학은 며칠

된 다음의 '예'가 있습니다. '장교는 M16을 들어 조준했습니다. 망설이지 않고 학생들에게 총을 갈겼습니다. "씨팔. 존나 영화 같지 않나." 치열이 고른 이를 드러내며 그 부하들에게 말했습니다.'

3) 박건호 작사, 남국인 작곡, 설운도 노래, 이산가족의 한을 담은 1983년 발표 대중가요 <잃어버린 30년> "비가 오나 눈이 오나 바람이 부나/ 그리웠던 삼십 년 세월/ 의지할 곳 없는 이 몸 서러워하며/ 그 얼마나 울었던가요/ 우리형제 이제라도 다시 만나서/ 못다 한 정 나누는데/ 어머니 아버님 그 어디에 계십니까/ 목 메이게 불러봅니다"

내로 정상화됩니다. 남자 선생님들이 무슨 사정으로, 자세한 것은 저도 모르는데 아무튼, 갑자기 그만두시는 바람에 지금 같은 사태가 발생했지만, 후배들에게 야학 교사를 맡아달라고 부탁들 해두셨다 했습니다. 곧 새 선생님들이 와서 수업을 담당해주실 겁니다. 걱정들 말고 다음 월요일부터 평상대로 학교에 와 주세요."

그렇게 말한 여자 선생님이 그녀를 따로 불렀다.

"순둥아, 이리 좀 오렴."

여느 날과 달리 여 선생님은 낯빛이 창백해 보였다. 그녀는 여 선생님이 이끄는 대로 교무실로 갔다.

"여기 앉아라."

여 선생님이 의자를 그녀에게 마련해 주었다. 황망한 마음에 그녀는 바로 앉지 못하고 조금 움츠려져서 엉거주춤 서 있었다. 망설이는 듯한 기색을 보이던 여 선생님이 이윽고 말을 꺼냈다.

"아무한테도 말하면 안 된다는 다짐부터 받아야겠구나. 일본놈들이 알게 되면 선생님들 집집마다 들이닥쳐 학살을 자행할 테니."

남자 선생님들 세 분이 압록강 건너 만주로 갔다고 했다. 독립운동을 하러 망명했다는 뜻이다. '순둥이 너한테 이야기하지 못하고 가서 미안하다고 하셨다. 그 말을 꼭 전해달라고 하시더구나.' 그러면서 여 선생님은 덧붙

었다. '네가 연모하는 줄 그 선생님은 알고 계셨단다.'

여 선생님이 '연모'라고 말할 때 그녀의 얼굴은 온통 복숭앗빛처럼 발그레 달아올랐다. '네가 너무 어려서 선생님께서 걱정하셨다. 마음에 큰 상처를 입지는 않나 하시면서…. 아무튼 꿋꿋하게 이겨내어야 한다. 네 나이 때는 이해가 잘 안 되지만, 시간이 지나면 자연스레 극복이 되는 상처란다. 알겠지?'

하지만 '순둥'은 순하지 않았다. 선생님들이 '순둥'이라 별명을 붙인 것은 그녀를 잘 알지 못해서였다.[4] 그녀는 독한 아이였다. 그 길로 그녀는 방직공장에도 야학에도 말하지 않고 압록강을 향해 걸었다.

산모퉁이를 돌면 아버지와 어머니가 계시는 집이 나오는 지점에서도, 그때도 그녀는 묵묵히 앞만 보고 걸었다. 부모님께 말씀드리면 못 가게 할 것이 너무나 뻔했으므로 어쩔 수 없다 싶었다. 어쩌면 아버지와 어머니를 다시는 못 보게 될지도 모른다[5] 생각하니 참으려 해도,

---

[4] <작별하지 않는다>에 인선이 (작고 약한 어머니가 외삼촌의 유골을 찾는 활동에 그토록 강인한 끈기를 보여 왔다는 사실을 처음으로 알고 나서) "어머니를 지나치게 잘 안다고 생각"했는데 "너무 몰랐다"라고 말하는 대목이 있다.

[5] <작별하지 않는다>에 다음 표현이 있다. "다음에 오자, 눈 그치고 다시. 고집스럽게 고개를 저으며 인선이 말했다. …다음이 없을 수도 있잖아."

아무리 참으려 해도 눈물이 쏟아졌다. 그래도 두 손으로 눈물을 틀어막아가며 그녀는 걷고 또 걸었다.

가고 싶은 곳이 있으니 얼마나 다행인가
만나고 싶은 사람이 있으니 얼마나 안심인가
마음속에 활활 타오르는 꿈이 있으니 얼마나 따스한가

만주의 독립군 본부에 도착하니 선생님 세 분들이 놀라고 반가운 표정으로 맞아주었다. "순둥이가 어떡하려고 여기까지 왔느냐?"

그날부터 그녀는 독립군이 되었다. 선생님들과, 특히 야학에 다닐 때 날마다 연모하던 '그 선생님'과 함께 항일 전선에 섰다. 어떤 날은 무기와 탄약을 나르는 운송조로 활동했는데, 기차를 탈 때 보따리에 숨겨서 들고 다니기도 했고, 곡물자루에 넣어 트럭으로도 날랐다(이 책 43쪽 참조). 그러던 중 여자 독립군으로부터 그 유명한 현계옥 이야기도 들었다.

"1919년에 온 나라 방방골골을 뒤흔든 독립만세운동이 일어났고, 그 의거를 계기로 임시정부와 의열단이 만들어졌어. '1920년대 의열 투쟁에서 가장 괄목할 만한 업적을 낸 단체'[6) 의열단은 '1910년대에 가장 활발하게 활동한 독립운동단체'7) 광복회의 후신인데, 현계옥은 여자 최초의 의열단 단원이야. 중국으로 와서 독립운동에 투신하기 전에는 우리나라에서 최고로 이름 높던 기생이었단다."

어마어마한 기생이었다는 말이 솔깃 귀에 들어왔다.

"1921년 9월, (1924년 1월 5일 일본 왕궁을 향해 폭탄을 던진 대구 우현서루 출신 김지섭 지사와 사돈 관계인) 김시현 선생이 행동대장을 맡아 조선총독부, 동양척식주식회사 등을 공격하고, 반민족행위자들을 처단할 계획을 추진했어. 그러려면 압록강 너머로 권총 5정, 폭탄 36개, 전단 <조선총독부 관공리에게> 3천 장, 그리고 <조선혁명선언>을 반입해야 하는데8), 현계옥 여사가 그 막중한 과제를 완수할 방안을 강구해냈단다."

"어떻게요?"

"현계옥은 본래 상해 의열단 비밀 연락소에서 폭탄을 제조하는 임무를 수행해 왔어. 무기들을 상해에서 안동까지 옮기는 일은 아일랜드 사람 쇼(George Lewis Shaw, 1880~1943)가 해결해 줬지만. 그때도 마지막에는 무기

---

6) 박성수,《알기 쉬운 독립운동사》(국가보훈부, 1995).
7) 제5차 교육과정 국정 고등학교 국사 교과서.
8) 이송희, <신여성 나혜석의 민족의식과 민족운동>,《여성연구논집》17집(2006).

들을 압록강 너머로 수송하는 일이 최후 관건이었지. 큰 거사를 앞두고 무기가 굉장히 많았기 때문에 요즘 우리처럼 하나둘 품에 숨기고 오가는 것과는 차원이 달랐어."

순둥이 고개를 끄덕이며 듣고 있다.

쇼를 기려 우리나라 정부가 발행한 우표

"그 무렵에는 일본도 중국도 서양인은 어떻게 못했어. 그래서 현계옥은 폭탄 만드는 일을 함께 했던 헝가리 청년 마자알과 부부인 양 위장해서 천진 역을 통과했어. 호화롭게 차려입은 서양인 마자알과 우리나라를 대표하는 미모의 현계옥이 팔짱을 끼고 천천히 걸어가니 누가 봐도 상류층 신혼 부부였지. 하인 남자들이 무거운 트렁크를 들고 상전 부부를 뒤따랐는데, 그 안에는 폭탄이 가득 들어 있었단다."

순둥이 놀라면서 물었다.

"그래서 어떻게 되었어요? 들켰어요?"

여자 독립군이 웃으면서 대답했다.

"얘는! 들켰을 리가 있니? 그랬다면 이야기가 전해오기나 하겠어?"

"아고, 다행이어요."

"ㅎㅎ…. 중국 관원들이 트렁크를 열어보자고 했는데, 마자일이 큰소리로 그들을 꾸짖었대. '무슨 짓이오? 다들 나의 일행들이오. 짐도 당연히 내 것이고! 여기는 국제법도 없소?' 그러자 중국 관원들이 뒤로 물러났대."

순둥이 또,

"아고, 다행이어요."

하고는,

"그 다음에 신의주역은 어떻게 통과했어요?"

라며 물었는데, 그 대답은 영영 듣지 못했다.

"지금은 폭탄을 싸고 운반할 일이 바쁘니 박작성 아래 가서 저녁을 먹은 다음 쉴 때에 이야기해주마."

박작성은 압록강변에 쌓인 고구려 고성이다. 박작성泊灼城은 배를 대고泊 불을 밝힌泊 성城이니, 이름만 들어도 성곽이 물가에 위치한다는 사실을 짐작할 수 있다. 실제로 박작성은 압록강에 바로 붙었는데, 그 아래로 흐르는 물길은 강폭이 좁아 헤엄을 쳐서 건널 수 있다. 그래서 이전에 여러 번 그렇게 해왔듯이, 오늘도 박작성 인근 마을에서 하룻밤을 보낸 뒤 인적이 끊기는 새벽을 기다려 폭탄을 국내로 반입하기로 했다.

밤이 왔다. 남자 선생님 세 분이 한 방을 쓰고, 여자 독립군과 순둥이 그 옆방에 나란히 누웠다. 아침에 못다

들은 현계옥 이야기를 다시 청하려는 찰나, 여관 마당에서 이상한 소리가 들려왔다.

"눈이 오는 소린가?"

순둥이 그렇게 중얼거리자 여자 독립군이 들릴 듯 말 듯 ㅎㅎ 웃었다.

"애는! 대낮부터 온 눈이 그 동안은 조용하다가 이제 와서 부스럭부스럭 소리까지 내며 떨어진다는 게 말이나 되니? 아까 보니 여관에 개집이 있던데, 그 녀석이 잠을 안 자고 꿈지럭거리고 있는 모양이다."

덜컹 방문이 열렸다. '그 선생님'이 외쳤다.

"빨리 뒤쪽 봉창으로 탈출해! 강으로 뛰어들어!"

순둥이 폭탄을 챙기려 하자 다시 선생님이 소리쳤다.

"시간 없다! 포기해!"

다섯 명이 모두 여관 뒷담을 넘어 압록강 쪽으로 내달렸다. 성곽 아래로 난 좁은 길을 앞서거니 뒷서거니 정신없이 질주하자 '咫尺' 두 글자가 붉게 새겨진 큰 바위가 나타났다. 압록강이 지척咫尺이라는 이정표였다.

추격해오는 요란한 군화 소리도 지척이었다. 돌아볼 겨를이 없어 확인할 수 없었지만, 뒤를 따라오는 소리의 덩어리로

미루어 일본군은 적어도 수십 명은 족히 될 성싶었다.
"뛰어들어!"
선생님의 구령에 맞춰 한꺼번에 압록강으로 풍덩 잠수했다. 캄캄한 물길에 잠깐 파문이 일었다가 이내 잠잠해졌다. 백 보 남짓한 강폭이라 헤엄으로 건너기에 충분했으니, 수심은 깊지 않았다.
이내 따라붙은 일본군들이 강물에 대고 총을 난사했다. 순둥의 물속 몸 옆으로도 총알이 팽팽 스쳐갔다. 마치 강물이 뜨거워지는 듯 느껴지는 시간들이었다.
이윽고 순둥이 압록강을 건넜다. 살얼음이 낀 강물 속에서 방금 나왔지만 추운 줄도 몰랐다. 납작 엎드린 채 살그머니 고개를 좌우로 둘러보았다. 조용했다. 아무런 기척도 없었다. 일본군의 총격도 멈췄다. 강 건너편에서 일본군들이 뭐라고 말하는 듯했지만 알아들을 수 있는 거리는 아니었다. 한참 지나 그들이 철수했다.
가까스로 몸을 일으켜 사방을 둘러보았다.
아무도 없다. 다 물속에서 죽었다.
혼자만 살았다.
사방천지 허옇게 쌓인 눈구덩이에 목숨이 붙어 앉아 있는 사람은 혼자뿐이다. 순둥을 이곳까지 오게 만든 그 선생님도, 다른 두 분 야학 선생님도, 현계옥 이야기를 마저 해주겠다던 여자 독립군도, 모두 죽어버렸다.

어떻게 나 혼자만 살았어? 어떻게, 어떻게 나 혼자만 살은 거야? 어떻게, 어떻게…!

대구 수성못 주막, 나이 어린 주모 '김실'이 다리를 절면서 다가온다. 이일우가 그녀의 두 팔에 들린 조그마한 주안상을 받으러 일어선다.

이상화는 큰아버지 이일우가 수성들 일부 논밭 소작인 김씨 부부의 딸을 어째서 그토록 귀하게 대우하는지 알지 못한다. 비록 어리고 다리를 절지만 주모는 주모다. 주모가 술과 안주를 장만해서 들고 오는 것은 예사로운 일이다. 그런데도, 대구 굴지의 유지 이일우는 헤아리기 어려운 행동을 보여주고 있다.

아무리 낮게 속삭여도 옆자리 사람이 알아듣지 못하는 일이 없을 만큼 조용한 수성못이다. 무슨 말을 하든 어느 누구 엿들을 리 없는데도, 이일우는 그 까닭을 발설하지 않는다.

'순둥이'라 불리던 평양 출신 그녀가 이곳에서 주모로 살아가고 있는 연유를, 이일우도 언젠가는 조카 이상화에게 말해주게 될 터이다. 다만 지금은 가장 적절한 때가 못 된다고 판단할 뿐이다. 자칫하면 김실네는 물론 이장가(이일우 가문) 전체가 일본놈들에게 끔찍한 위해를 당할 수도 있기 때문이다. (다음 호에 계속)

소설은 사람에게 무엇인가
한강 소설 <채식주의자>를 중심으로

[노벨문학상 심사위원회]
역사의 상처trauma에 맞서고
삶의 연약함을 드러낸
강렬한 시적 산문

[줄거리]
　영혜가 어릴 때 집에서 기르던 개에게 물렸는데, 아버지는 오토바이와 개를 줄로 연결한 다음 줄곧 내달려 개가 피를 토하고 쓰러지게 만든다. 그렇게 하면 개고기가 연해진다는 것이 이유였다. 그날 동네 유지들이 모여 개고기를 뜯고, 개가 죽기 직전 눈길이 마주쳤던 영혜도 먹으면 상처가 빨리 낫는다는 말에 보신탕을 한 그릇 먹는다.
　결혼을 한 영혜에게 그 일이 악몽이 되어 나타난다. 영혜는 악몽을 꾸지 않기 위해서는 육식을 하지 않아야 한다고 판단한다. 채식 때문에 큰일났다 식으로 남편이 처가에 말하자, 베트콩 다수를 사살한 것이 생애의 자랑거리인 영혜의 아버지가 "다 너를 위해서야!"라면서 영혜 입에 강제로 탕수육을 집어넣고, 영혜가 거부하자 어린 조카들까지 지켜보는 가운데 폭행한다. 영혜는 끝내 칼로 자해를 하고, 병원으로 실려 간다.

처제 영혜의 엉덩이에 몽고반점이 있다는 말을 들은 형부(비디오 아티스트)는 영혜에게 몸에 식물그림을 그린 채 영상을 찍자 제안하고, 또 "너한테도 영감이 될 거야!"라면서 후배 J의 몸에도 식물그림을 그려 둘의 성행위를 하는 듯한 동작을 영상에 담기 시작한다. 그러던 중 아티스트가 J에서 실제 관계를 종용하다가 "더 추해지기 전에 그만해요. 정말 비참하군요" 소리를 듣는다.

그래도 포기하지 않고 아티스트는 이윽고 자신의 몸에 식물그림을 잔뜩 그려넣은 다음, 자동으로 돌아가는 비디오로 영혜와의 육체관계를 촬영한다. 둘이 누워 있는 장면을 언니 인혜가 목격하게 되면서 두 사람은 정신병원으로 넘겨진다. 비디오 아티스트는 정상이라며 풀려나지만 영혜는 폐쇄병동에 감금된다.

"세상의 나무들은 모두 형제같아"라고 말하던 영혜는 점점 증상이 악화되어 어느덧 자신이 나무가 되어가고 있다고 믿는 경지에 이른다. 그녀는 자신의 가슴이 좋다고 말한다. 손도 발도 머리도 육체의 모든 부분은 다른 생명을 해칠 수 있는데 가슴만은 아무런 피해를 끼치지 않으므로 좋다는 인식이다. 본래 그녀는 평소 브래지어를 하지 않아 남편과 다퉈왔었다.

　영혜는 죽어간다. 모든 가족이 다 방치해버린 영혜를 언니인 인혜만 혼자서 돌보고 있다. 인혜는 동생을 보며 "언제까지나 이렇게 살아가면 되는 것 아닐까. 이곳에서 영혜는 말하고 싶을 때만 말하고, 고기를 먹기 싫으면 안 먹으면 되는 것이 아닐까?"라고 생각한 끝에, "자신이 오래전부터 죽어 있었다는 것을" 깨닫는다. 그녀는 영혜와 남편의 "몸짓이 흡사 사람에서 벗어나오려는 몸부림처럼 보였다"고 돌이켜본다.

　네이버 국어사전은 해프닝happening을 '우연히 일어난 일'로 정의한다. 한강 작가가 한국 최초로, 아시아 여성 최초로 노벨문학상을 받자 나라 안에 여러 웃지 못할 해프닝이 일어났다. 이 말은, 나라 밖에는 해프닝이 일어나지 않았다는 뜻이다.
　국내 해프닝 중 압권은 스웨덴 대사관 앞에 몰려가 '한강에게 노벨상을 준 것은 잘못'[1]이라며 시위를 벌인 일이다. 그런데! 그 시위가 과연 우연히 일어난 일일까?

---

　1) 한충원, 2024년 11월 7일 발표문, 여러 신문 : 노벨문학상은 분명한 수상 기준이 없이 수여되고 있음을 알 수 있다.

반복되면 습관 또는 의도된 행동이다. 김대중 대통령에게 노벨평화상을 준다고 한국 항의 시위대가 스웨덴까지 몰려가 '세상에 이런 일이!'식 지구촌 뉴스를 생산했던 일을 돌이켜보면, 노벨상을 둘러싼 우리나라 일부 사람들의 해프닝은 우발 사건이 아니다.

그런 와중에, 어떤 '목사'님이 한강 소설가에게 공개 편지를 보내는 '깜짝 쇼'를 선보이면서 새로운 압권으로 등장했다. 목사님은 "대의를 위해, 조국의 백성들과 후손들의 영혼을 위해" "문학 작가들이 자신의 작품에 대해 사회·윤리적인 책임 의식을 갖게 하고, 우리 국민이 문학작품에 대해 분별력을 갖도록 하며, 이 땅에서 '하나님의 뜻'이 이뤄지도록 애쓰는 목회자로서의 사명감으로 이 편지를 공개"한다고 했다.

정리하면, 자신이 장문을 발표한 것은 대의大義[2] 실현, 즉 ①"조국의 백성들과 후손들의 영혼"을 구하고,

---

2) <채식주의자> 23쪽에 남편이 채식을 선언한 아내를 두고 "절에 들어간 스님들이야 살생을 않겠다는 대의가 있겠지만, 이게 무슨 짓인가. 살을 빼겠다는 것도 아니고, 병을 고치려는 것도 아니고, 무슨 귀신에 씐 것도 아니고, 악몽 한 번 꾸고는 식습관을 바꾸다니. 남편의 만류 따위는 고려조차 하지 않는 저 고집스러움이라니."라는 대목이 나온다. 이로 미루어보면, 대의大義는 사회공동체 전체의 명분과 이익을 위해, 소의少義는 자신만의 명분과 이익을 위해 행동하는 일을 할 때 적용되는 개념이다.

②"문학작가들의 사회·윤리적 책임의식"을 촉구하고, ③"우리 국민들이 문학작품에 대해 분별력을 갖도록" 만들고, ④"이 땅에 '하나님의 뜻'이 이뤄지도록" 하려는 목적의 계획된 행동이었다는 뜻이다.

사람이 하는 일은 그가 누구든 공자의 '삼인행필유아사三人行必有我師' 가르침의 사례로 쓰일 수 있다. 목사님의 자신만만함이 다른 누군가에게는 '나는 글을 저렇게 쓰지 않아야지!' 또는 '저런 식으로 발표하지 않아야지!'라는 반면교사反面教師 사례로 여겨질 수도 있다는 말이다.

그가 편지를 공개로 보낸 네 가지 이유 중 ①, ②, ③은 한강 소설이 노벨문학상을 받기 전에 이미 40여 국가에 판권이 수출돼 뛰어난 문학작품으로 지구촌의 공인을 받았다는 사실을 생각할 때 전혀 설득력이 없다. 그리고 세계인 모두가 지구촌 형제자매인데 ①"조국의 백성들과 후손들의 영혼"만 구해서야 되겠는가.

②"문학작가들의 사회·윤리적 책임의식을 촉구"하겠다, ③"우리나라 국민들이 문학작품에 대해 분별력을 갖도록" 만들겠다는 웅대한 포부가 타당한 주장으로 인정을 받으려면, 이미 한강 소설가를 "역사의 상처trauma에 맞서고, 삶의 연약함을 드러낸" 뛰어난 작가로 인정한 세계 석학들의 문학작품 분별력이 수준 미달이라는 사실을 증명해야 하는데, 그게 과연 가능할까!

그래도 ④는 인정받을 법하다. '10년이면 강산도 변한다'는 중구삭금眾口鑠金의 가르침도 무시하고 10년 전 '문창극 사태'의 흘러간 판을 다시 튼 것을 보면 '확신범'이라는 점은 수긍될 것이기 때문이다.

사실 "하나님께서는 때를 따라 우리나라에 이방 국가와 지도자들을 세워 사용하셨다"면서 "야만적이지만 선진화된 일본의 강점기에 하나님은 우리나라를 500년 왕조 국가에서 자유민주공화국으로 바꾸는 기초 작업을 행하시고 현대화의 기반을 놓게 하셨다"는 발언은 문창극 씨의 말을 고스란히 옮겨놓은 격이다.3) 그런 까닭에 다

---

3) 2014년 6월 24일 JTBC: [기자] 청와대가 문창극 전 중앙일보 주필을 새로운 국무총리 후보자로 지명한 건 지난 10일입니다. (중략) 다음 날 문 후보자가 과거 교회 강연에서 "일제 식민 지배는 하나님의 뜻"이라고 말한 사실이 밝혀지면서 분위기는 급변합니다.
[문창극/국무총리 후보자 : 이조 500년 허송세월을 보낸 민족이다. 너희들은 시련이 필요하다.]
지난 4월 한 강연에서 "위안부 문제에 대해 일본으로부터 사과 받을 필요가 없다"는 취지로 말한 사실까지 알려지면서 여론은 더 나빠졌습니다. 야당의 거센 사퇴 요구에 문 후보자는 버티기에 들어갔지만, 민심 이반을 우려한 여권은 결국 등을 돌린 모습입니다. (중략)
[문창극/국무총리 후보자 (지난 19일) : 가장 존경하는 분은 안중근 의사와 도산 안창호 선생님입니다. 정말로 존경하는데 왜 저보고 친일이다, 반민족적이다, 이런 이야기를 하는지 저는 정말로 가슴이 아픕니다.]

음 발언도 가능해진다.

"역사를 돌아보면, 우리가 아무리 독재정치에 항거해도 그 독재자나 지도자들이 자기의 역할을 다 할 때까지는 그 자리가 굳세게 지켜지는 것을 보았네. 때가 되면, 즉 지도자들의 역할이 다 끝나면 그들이 퇴임하거나 폐위되는 것을 보았네. (중략) 5·18은 불의하고 야만적인 정권 탈취자에 대한 의로운 항거였네. 하지만 성공하지 못하고 처참하게 실패했네. 하나님의 때가 아니었기 때문이네."

목사님 사례를 통해 우리가 얻을 수 있는 첫째 반면교사는, 문학은 문학으로 보아야 한다는 교훈이다. 문학 중에서도 특히 소설은 타인, 나아가 독자 본인의 정체성을 살펴보기 위해 서사敍事 형태로 창작되고 읽히는 허구虛構이다.

문학은 자연에 이미 존재하는 법칙을 발견하기 위해 궁구하는 과학도 아니고, 신 또는 신과 인간의 연결에 천착하는 종교학도 아니다. 인간의 행동과 삶을 이해하려는 인문학의 일종이기는 하되, 역사歷史처럼 지난歷 기

하지만 박 대통령은 귀국 뒤에도 계속 묵묵부답으로 일관했고 결국 문 후보자는 사퇴를 택했습니다.

록史을 꼼꼼히 살펴 오늘에 유용한 교훈을 얻으려 하지도 않고, 당대를 살아가는 사람들을 두루 아우를 수 있는 지혜를 창조해 세상을 구원해내려는 철학도 아니다. 문文학學은 사람 개인個人에 서려 있는 삶의 무늬文를 면밀히 살핌으로써 그 개인을 이해하려는 인간학學일 따름이다.

이는, 사람이 모두 다르다는 진실에서 출발한다. 사람을 모두 같게 만들려드는 전체주의자나, 타인의 나와 '다른' 면모를 인정할 마음이 없는 독자는 문학 작품을 마음으로 받아들이지 못한다. "아, 그 시대 사람들은 그래서 그렇게 살았구나! 그렇다면 세상이 이렇게 바뀌었으니 지금은 이렇게 살아야겠구나!"라는 깨달음을 얻기 위해 역사책을 읽고, "아, 사람은 이런 생각을 할 때 사람답게 살게 되는구나!"라는 지혜를 체화하기 위해 철학책을 탐구하는 데 견줘, 문학작품은 (시간과 재화를 들여 직접 경험하지 않고도) "아, 세상에는 이런 사람도 있고 저런 사람도 있구나!"를 (작가가 보여주는 허구를 통해) 손쉽게 깨닫게 해주는 순기능順機能의 창조물이다.

그 점을 이해하지 못하면 "(한강의) 대표적인 작품을 읽는 내내 어둡고 답답하여 책을 덮어버리고 싶은 충동을 느낄 때가 한두 번이 아니었"다면서 (괴테의 소설 <젊은 베르트르의 슬픔>이 출간된 후로 독일을 비롯한

유럽 사회에서 청년들의 자살이 급증했던 것처럼)"(한강의) 작품이 세상을 밝고 아름답게 만들어 가는 데는 역기능逆機能을 한다"식 발언을 "감히" 백주대낮에 내놓게 된다.

그런 언행은 문학을 문학 아닌 다른 것으로 여긴 데서 출발한 근거 없는 자신만만의 소산이다. 그런 인식에 사로잡혀 있으면 "아직 정신도 성치 않은 애(동생 영혜)를…""치료가 필요하"도록 만든 <채식주의자>의 "나쁜 새끼(언니 인혜의 남편)"가 "정상으로 판명"받고, "영혜는 폐쇄병동에서 나오지 못"하는 소설 속 서사를 실제 현실의 반영4)으로 인정하지 않고, "사회·윤리적 책임의식"이 부족한 작가가 불순한 의도로 반사회적 제재를 채택함으로써 문학작품이 역기능을 하도록 만들었다고 보게 된다.

<소년이 온다>와 <작별하지 않는다> 같은 소설을 "자신이 속한 체제나 이념에 얽매이거나 동조해서""특정 집단과 세력을 지지하는 홍위병 역할"을 한다 식으로 폄훼하는 것도 그 연장선상의 인식이다. '역사 왜곡'이라는 주장도 마찬가지이다. (<채식주의자>는 개인 이야기로 여겨 언급하지 않은 듯하다.)

---

4) 실제 현실이라 하더라도 인혜의 남편은 정신병원에 감금되지 않는다. "정상" 판정을 받는다.

그래서 한강의 노벨상 수상을 "왜 온 국민이 기뻐하지 않을까?"라고 물으면서 "노벨상 수상 작품 중에 나를 감동시킨 작품들이 별로 없었다"고 "감히" 말한다. 정말 그렇다면, 자신의 감수성과 해석력이 노벨문학상 수상작품을 받아들일 수준에도 미치지 못하고 있구나, 자각하고 반성할 일인데, 오히려 수상 작품과 노벨문학상 심사위원회를 공격한다. 그같은 일은, 자기 자신을 기준으로 문학을 이해하려 든 무지와 오만 탓에 생겨난다.

소설 읽기는 등장인물의 삶을 간접체험함으로써 사람과 사회를 이해하려는 노력이다5). 작가가 유심히 보시라고 등장시킨 인물들은 안중에 없고, 독자인 본인의 주장 내세우기에만 몰입하면 소설읽기의 보람이 없어진다. 그 결과 소설의 주제, 구성(인물, 사건, 배경), 문체의 어떤 부분이 자신의 마음에 들지 않는다는 이유로 그것을

---

5) KBS, 2022년 5월 28일, 2021년 노벨문학상 수상작가 압둘라자크 구르나 인터뷰 : 그는 "우리는 문학을 통해 다른 사람들을 알게 된다"고 말했습니다. "무엇보다 다른 사람들의 삶을 알게 된다"고 밝혔습니다. "다른 사람들의 생각을 알게 되고, 그들이 어떤 환경에 있는지도 알게 된다"고 했습니다. "그런 경험, 다시 말해 다른 사람들이 어떻게 생각하고, 무엇을 하고 있는지를 알게 되는 그런 경험이야말로 아주 중요하다"고 강조했습니다. "그와 같은 경험을 통해 우리는 우리가 인간(human being)임을 더욱 더 자각하게 된다."고 했습니다.

공격하면서, 본인을 심지어 대의大義에 입각한 영웅으로 치켜세운다.

하지만 애당초 소설小說은 (한자식 명칭이 말해주듯) 대의가 아니라 여러 등장인물의 제각각 소의小義를 흥미유발 구조로 교묘히 꾸며 만들어낸虛構 이야기敍事일 따름이다. 고소설古小說처럼 노골적으로 드러나든, 형식이 아니라 내용상으로도 전혀 존재하지 않든, 작가도 그저 자신의 소의를 말할 뿐이다. 말하고 싶은 자신의 욕망小義을 문학이라는 형식을 동원해 '그럴 듯하게' 드러내었을 따름이다.

지구촌, 좁게는 자신이 속한 공동체에서 대의를 "감히" 말하는 사람은, 실제로는 그 발언을 통해 소의私益를 도모하는, 겉 다르고 속 다른 표리부동의 수박형 인간이다. "정당화를 위한 공언을 늘어놓는 것은 분반噴飯할(참을 수 없어 웃음이 터져나오는) 일"[6]이다.

중언부언하면, 소설은 인간과 사회, 궁극적으로 독자 본인의 정체성을 살펴보는 데 유용하게 쓰기 위해 창작된 서사 형식의 허구이다. 독자는 그 허구를 통해 타인을 알고, 자신을 알고, 때로 반면교사로라도 스스로를 안다. 극단의 예를 들면, <채식주의자>의 비디오 아티스트는 사회에서 매장된 상태에 내몰렸으면서도 "아들이

---

6) 조지훈 <지조론>의 표현.

보고 싶다"고 한다. <소년이 온다>에는 '이빨이 가지런한' 장교가 소년들에게 마구 총질을 하고 '평범한 얼굴'의 기관원이 아무렇지도 않게 20대 아가씨를 무자비하게 고문한다.

<작별하지 않는다>의 "이북 말을 쓰는 남자"는 "내통한 친구들의 이름을 대라"며 인선 아버지를 전기 고문하면서 "속삭인"다. 뿐만 아니라, 대부분의 제주(고향) 사람들은 살아 돌아온 인선 아버지를 "전과자"로 여긴다. 대구의 세 집 중 두 집은 구사일생의 생존자에게 옷 주는 것을 거부한다.

사람이 그러면 안 돼,라고 말하는 것은 독자의 자유지만 세상과 인심이 그렇다는 사실 자체를 부정해서는 소설 읽기의 보람이 없다. 작가는 인간과 사회를 있는 그대로 보여주겠다는 자신의 소의를 이루기 위해 소설을 쓴다. 교수, 작가, 목사 등의 명함을 앞세우면서 대의에 도움이 되기 위해 글을 쓴다고 자칭하는 '짜가'들의 교언영색에 현혹되면 소설 읽기의 보람이 없어진다. 문학을 정치 선전물, 철학서, 교양서 등 문학 아닌 다른 갈래의 도구로 이용하려는 전체주의자의 인식을 본받아 소설을 읽으면 본인에게 아무 쓰임새가 없다.

소결론은, 문학은 사람들의 무늬를 세심히 살펴보는 인문학 갈래이므로, 독자는 작품 속 인물들의 소의를 면밀히 살펴보아야 한다. 그래야 인간과 사회를 정확하게 이해하게 된다.

　두 번째 반면교사는, 소설이 담고 있는 비유와 상징을 폭넓게 읽을 줄 알아야 한다는 교훈이다. '방귀가 잦으면 똥을 싼다'거나 '달무리가 지면 비가 온다' 같은 속담이 말해주듯, 현실세계의 특정 현상은 어떤 본질을 드러내기 위한 비유와 상징으로 나타난다. 즉 소설읽기는 현실세계의 비유와 상징으로 동원된 등장인물들의 언행을 통해 사람과 사회를 간접체험하려는 목적의 인간활동이다. 그런 인식 없이 소설을 읽으면 우아한 여가 선용을 될지언정 본연의 보람을 찾을 길은 없다.
　예를 들어 <채식주의자>의 경우, 월남전에 참전하지 않은 이들 중에도 현실 세상에는 "내가 월남에서 베트콩을… 하고 시작되는 레퍼토리"를 늘어놓으며 "월남전에 참전해 무공훈장까지 받은 것을 가장 큰 자랑으로 여기는" 영혜 아버지와 유사한 사람이 부지기수라는 사실을 간접체험으로 깨달아야 평온하고 행복한 삶을 살아갈 수 있다. 목사님은 "(한강의) 대표적인 작품들은 대부분 그 종결이 비극으로 끝나네. 작품을 읽는 내내 어둡고 답답하여 책을 덮어버리고 싶은 충동을 느낄 때가 한두 번이 아니었네. 카프카의 소설 <변신>도 그 정도는 아니었네"라고 말했지만, <변신>은 경제활동을 못하는 아들(오빠)를 죽인 일가족이 가벼운 마음으로 나들이를 떠나는 것을 끝나는 소설이다. <소년이 온다>와 <작별하지 않는다>는 <변신>처럼 가족 구성원 한 사람을 다른 가족 구성원들이 합심해서 죽이는 것이 아니라 국가권력이 연약한 국민 개개인을 학살하는 내용이다. <변신>의 아들은 벌레이기를 원한 바 없지만 <채식주의자>의 영혜는 스스로 나무가 되기를 바랐다. 한강의 소설은 결코 <변신> "그 정도는 아니"다.

> "먹어라. 애비 말 듣고 먹어. 다 널 위해서 하는 말이다. 그러다 병이라도 나면 어쩌려고 그러는 거냐."
> 가슴 뭉클한 부정父情이 느껴져, 나도 모르게 눈시울이 뜨거워졌다. 아마 그 자리에 모인 모든 사람들이 그랬을 것이다. 허공에서 조용히 떨고 있는 장인의 젓가락을 아내는 한손으로 밀어냈다.
> "아버지, 저는 고기를 안 먹어요."
> 순간, 장인의 억센 손바닥이 허공을 갈랐다. 아내가 뺨을 감싸 쥐었다. (중략)
> "정서방, 영호, 둘이 이쪽으로 와라."
> 나는 머뭇거리며 아내에게 다가갔다. 뺨에서

피가 비칠 만큼 아내는 세게 맞았다. 그녀는 그제야 평정이 깨진 듯 숨을 몰아쉬고 있었다.

"두 사람이 영혜 팔을 잡아라."

"예?"

"한번만 먹기 시작하면 다시 먹을 거다. 세상천지에, 요즘 고기 안 먹고 사는 사람이 어디 있어!"

불만스러운 얼굴로 처남이 자리에서 일어섰다.

"누나, 웬만하면 먹어. 먹는 시늉만 하면 간단하잖아. 아버지 앞에서 이렇게까지 해야겠어?"

(중략) 장인이 탕수육을 아내의 입에 갖다댔다. 입을 굳게 다문 채 아내는 신음소리를 냈다. 뭔가 말하기 위해 입을 벌리면 그것이 들어올까 봐 말조차 하지 못하는 것 같았다. (중략)

"으음 …… 음!"

고통스럽게 몸부림치는 아내의 입술에 장인은 탕수육을 짓이겼다. 억센 손가락으로 두 입술을 열었으나, 악물린 이빨은 어쩌지 못했다.

마침내 화가 다시 머리끝까지 치민 장인이 한 번 더 아내의 뺨을 때렸다.

"아버지!"

처형이 달려들어 장인의 허리를 안았으나, 아내의 입이 벌어진 순간 장인은 탕수육을 쑤셔 넣었다. 처남이 그 서슬에 팔의 힘을 빼자, 으르렁거리며 아내가 탕수육을 뱉어냈다. 짐승 같은 비명이 그녀의 입에서 터졌다.

"…… 비켜!"

아내는 몸을 웅크려 현관 쪽으로 달아나는가 싶더니, 뒤돌아서서 교자상에 놓여 있던 과도를 집어들었다.

"여, 영혜야."

장모의 끊어질 듯한 음성이 살벌한 정적 위에 떨리는 금을 그었다. 아이들이 참았던 울음을 터뜨렸다. 이를 악문 채, 자신을 지켜보고 있는 사람들의 눈을 하나씩 응시하다가, 아내는 칼을 치켜들었다.

"말려 ……"

"피해!"

아내의 손목에서 분수처럼 피가 솟구쳤다. 흰 접시 위로 붉은 피가 비처럼 쏟아졌다.

위는 <채식주의자>에서 독자의 뇌리에 가장 뚜렷하게 기억되는 장면 중 하나이다. 아버지는 "너를 위해서" 고기를 딸의 입에 강제로 쑤셔 넣고, "너를 위해서" 딸의 뺨을 때린다. 이 대목을 읽으면서 어떤 독자가 '나는 딸의 입에 고기를 쑤셔넣지 않았어'라거나, '나의 아버지는 난폭하기는 해도 내 입에 고기를 쑤셔넣지 않았어' 식으로 이해한다면, 그는 소설을 읽은 보람이 없다. 아버지가 딸의 입에 고기를 쑤셔넣고 뺨을 때리는 행위를 비유로 받아들일 줄 알아야 소설을 제대로 읽고 있는 독자가 된다. 나도 누군가에게 '너를 위해서'라며 무엇인가를 강요한 적이 있다는 사실을 뼈아프게 기억해낼 때 비로소 소설읽기의 보람을 얻게 된다는 말이다.

또, 영혜의 형부 '나'가 후배 J에게 "너한테도 영감이 되는 작업일 거야"라고 말할 때 이 대목을 떠올릴 줄 아는 독자라야 소설을 제대로 읽고 있다고 인정할 만하다. <작별하지 않는다>에 나오는, '보호하고 인도한다'면서 이승만 정권이 보도연맹을 만들어 뒷날 무수한 양민을 학살한 사건도 떠올릴 수 있어야 한다.

영혜를 채식주의자로 만들고, 아버지가 영혜의 입에 강제로 탕수육을 집어넣는 사건의 발단이 된 아래의 어릴 적 경험을 읽을 때에도 마찬가지이다.

> 내 다리를 물어뜯은 개가 아버지의 오토바이에 묶이고 있어. 그 개의 꼬리털을 태워 종아리의 상처에 붙이고, 그 위로 붕대를 친친 감고, 아홉 살의 나는 대문간에 나가 서 있어. 무더운 여름날이야.

가만히 있어도 땀이 뻘뻘 흘러내려. 개도 붉은 혓바닥을 턱까지 늘어뜨리고 숨을 몰아쉬고 있어. 나보다 몸집이 큰, 잘생긴 흰 개야. 주인집 딸을 물어뜯기 전까진 영리하다고 동네에 소문났던 녀석이었지.

아버지는 녀석을 나무에 매달아 불에 그슬리면서 두들겨패지 않을 거라고 했어. 달리다 죽은 개가 더 부드럽다는 말을 어디선가 들었대. 오토바이의 시동이 걸리고, 아버지는 달리기 시작해. 개도 함께 달려. 동네를 두 바퀴, 세 바퀴. 같은 길로 돌아. 나는 꼼짝 않고 문간에 서서 점점 지쳐가는, 헐떡이며 눈을 희번덕이는 흰둥이를 보고 있어. 번쩍이는 녀석의 눈과 마주칠 때마다 난 더욱 눈을 부릅떠.

나쁜 놈의 개, 나를 물어?

다섯 바퀴째 돌자 개는 입에 거품을 물고 있어. 줄에 걸린 목에서 피가 흘러. 목이 아파 낑낑대며, 개는 질질 끌리며 달려. 여섯 바퀴째, 개는 입으로 검붉은 피를 토해. 목에서도, 입에서도 피가 흘러. 거품 섞인 피. 번쩍이는 두 눈을 나는 꼿꼿이 서서 지켜봐. 일곱 바퀴째 나타날 녀석을 기다리고 있을 때, 축 늘어진 녀석을 오토바이 뒤에 실은 아버지가 보여. 녀석의 덜렁거리는 네 다리, 눈꺼풀이 열린, 핏물이 고인 눈을 나는 보고 있어.

> 그날 저녁 우리집에선 잔치가 벌어졌어. 시장 골목의 알만한 아저씨들이 다 모였어. 개에 물린 상처가 나으려면 먹어야 한다는 말에 나도 한입을 떠 넣었지. 아니, 사실은 밥을 말아 한 그릇을 다 먹었어. 들깨냄새가 다 덮지 못한 누린내가 코를 찔렀어. 국밥 위로 어른거리던 눈, 녀석이 달리며, 거품 섞인 피를 토하며 나를 보던 눈을 기억해. 아무렇지도 않더군. 정말 아무렇지도 않았어.

개를 잔혹하게 죽이는 아버지, 둘러앉아 개고기를 뜯는 "알만한 아저씨"들, 심지어 "밥을 말아 한 그릇 다 먹"은 나(영혜)⋯.

그 기억이 어른 영혜에게 악몽으로 나타난다. 영혜는 악몽을 이겨내려고 채식주의자가 된다. "아내가 여위는 것은 채식 때문이 아니었다. 꿈 때문이었다"라는 사실을 알면서도 남편 '나'는 장인과 장모에게 영혜가 채식 때문에 바짝 말라가고 있다고 말한다.

이 부분들을 읽으면서 '나는 개를 그토록 잔인하게 죽인 적은 없어', '나는 개고기를 뜯는 알만한 아저씨들의 일원이 된 적 없어', '나는 어릴 때 경험 때문에 악몽을 꾸지는 않아', '나는 악몽 때문에 여위어가는 아내를 육식을 하지 않고 채식만 해서 말라간다고 장인 장모에게 말한 적 없어' 식으로 생각해서는 소설 읽은 보람이 없다. 다음 부분도 읽어보자.

> 당신은 나한테 과분해.
> 결혼 전에 그는 말한 적이 있었다.
> 당신의 선량함, 안정감, 침착함, 살아간다는 게 조금도 부자연스럽지 않아 보이는 태도…… 그런 게 감동을 줘.
> 그 말은 다소 어려웠기 때문에 그럴듯하게 들렸지만, 오히려 그가 사랑 따위에 빠지지 않았음을 드러내는 고백은 아니었을까.
> 아마도 그가 정말 사랑한 것은 그가 찍은 이미지들이거나, 그가 찍을 이미지들뿐이었을 것이다. 결혼 후 그의 전시회에 처음 갔을 때 그녀는 놀랐는데, 금방이라도 주저앉을 듯 위태해 보이던 이 남자가 이렇게 많은 곳을 캠코더와 함께 누비고 다녔다는 것을 믿을 수 없었기 때문이다. (인혜는 남편을 처음 만났던 "그날 이후 그녀가 그에게 바란 것은 자신의 힘으로 그를 쉬게 해주는 것이었다.")(중략)
> 꼭 한 번, 집에서 그의 눈이 빛나는 것을 본 적이 있었다. 지우가 돌을 넘겨 발을 떼어놓기 시작하던 무렵이었다. 캠코더를 꺼내든 그는 햇빛이 드

는 거실 가운데를 위태위태하게 걷는 지우를 찍었다. 지우가 그녀에게 와락 안기는 장면, 그녀가 지우의 정수리에 입맞추는 장면도 찍었다. 알 수 없는 생명의 빛이 번쩍이는 눈으로 그는 말했다.

지우가 한발 한발 디딜 때마다, 미야자키 하야오의 영화처럼 발자국에서 꽃이 피어나도록 애니메이션을 넣을까? 아니, 나비떼가 날아오르는 게 낫겠어. 아, 그러려면 풀밭에서 다시 찍는 게 좋겠어.

그는 그녀에게 캠코더 작동법을 알려주고, 방금 찍은 장면들을 재생해 보여주며 열띤 어조로 말했다.

애도 당신도 흰옷을 입어야 돼. 아니, 아니야. 오히려 아주 남루한 옷을 입는 게 나을지도 모르겠군. 그래, 그게 좋겠어. 가난한 모자의 소풍, 아기의 서투른 발걸음마다 기적처럼 날아오르는 색색의 나비떼 …….

그러나 그들은 풀밭에 가지 않았고, 지우는 곧 자라 더 이상 서투르게 걷지 않았다. 아이의 발걸음에서 나비떼가 날아오르는 비디오는 오로지 그녀의 상상 속에 남았다.

비디오 아티스트인 '나'의 관심사는 영상 작업을 하

는 것뿐이다. 그 결과의 끝에 처제와의 '불륜'이 있다. 그래서 관계 후 아티스트는 "그것(영혜의 몽고반점)이 태고의 것, 진화 전의 것, 혹은 광합성의 흔적 같은 것을 연상시킨다는 것을, 뜻밖에도 성적인 느낌과는 무관하며 오히려 식물적인 무엇으로 느껴진다는 것을 깨달았다" 식의 '깨달음'까지 얻는다.

이 장면을 보면서 '이 인간 이거 정신이상 아냐?'라고 생각하는 데 멈춘다면 제대로 된 소설 읽기에 닿지 못한 독자라 할 만하다. 소설에는 분명히 그가 '정상' 판명을 받아 병원에 수감되지 않았다고 명시되어 있다.

또 '나는 적어도 저 인간처럼 살지는 않아'라고 자기 위안만 맛본다면 소설읽기의 보람이 반감된다. 비디오 아티스트가 예술행위에 집착해 있듯 세상에는 다른 그 무엇, 흔한 예로는 돈, 권력, 출세, 명예, 이성관계, 몸매, 성형, 도박, 마약, 천당행 등등에 인생을 걸고 있는 사람이 한둘이 아니다.

독자는 이 부분을 읽으면서 '나도 분야와 정도는 달라도 저 자와 닮은꼴로 살아가는 것은 아닌지' 돌이켜 보아야 한다. 소설은 현실을 비유와 상징으로 보여주는 간접체험 교과서이기 때문이다.

<작별하지 않는다>에서도 예를 들어보자. "인터뷰이가 자기 자신(인선)이지만 음성을 아는 사람만 제외하면

그가 누구인지 알 수 없고", "그림자와 무릎과 손, 그늘 속 희끄무레한 형체로만 노출된 여자가 영상 속에서 천천히 이어가는" 단편영화를 제작했다가 그 작품이 "아버지의 역사에 부치는 영상 시"로 소개되고 "객석의 어리둥절한 침묵"이 이어진 데에 좌절해 더 이상 영화찍기를 그만두고 목공일로 전환한 인선이 "우리 프로젝트 말고 다른 건 생각해본 적 없"다면서 '4·3' 이야기를 영화로 만들 생각이 없는 이유를 말한다.

"피에 젖은 옷과 살이 함께 썩어가는 냄새, 수십 년 동안 삭은 뼈들의 인광이 지워질 거다. 악몽들이 손가락 사이로 새어나갈 거다. 한계를 초과하는 폭력이 제거될 거다. 사 년 전 내가 썼던 책에서 누락되었던, 대로에 선 비무장 시민들에게 군인들이 쏘았던 화염방사기처럼. 수포들이 끓어오른 얼굴과 몸에 흰 페인트가 끼얹어진 채로 응급실로 달려온 사람들처럼."

이는, 자신의 부족한 능력으로 영화를 만들면 실체적 진실을 담지 못할 것이며, 관객 또한 그 비유와 상징을 통해 전체를 보려는 노력없이 자의로 인간과 사회를 인식하게 될 것이므로 예술 창작 활동을 하지 않겠다는 선언이다. 자신은 "녹슨 실톱을 숨긴 채 요 위에 모로 누워 잡든 뒷모습으로 충분하다고 생각"하지만, "육백쪽짜리 진상 보고서와 관련 총론서들, 거기 부록으로 실려 있던 삼십여 명의 증언만으로 압도되었"지만, "그 사람들을 갯것들이 다 뜯어먹었을 것 아닙니까?"라면서 "나(증언 할머니)는 바닷고기를 안 먹"었지만, "엄마가 얼마나 진지하게 생각했는"가와 아무 상관없이 "열 살 아이도 의심했"듯이, 독자가 소설 속 인물과 사건을 비유와 상징으로 이해하지 못하면 읽어본들 무슨 소용인가7).

세 번째 반면교사는, 소설은 문자언어로 이루어지는 까닭에 지식과 감수성을 담고 있다는 교훈이다. 지극히 개인적인 감수성은 논외로 하더라도, 글을 쓴 사람은 자신의 글에 담겨 있는 지식이 진실 또는 사실에 부합하는지 알아본 다음 발표해야 한다. (소크라테스가 "너 자신을 알라"고 말한 데서도 알 수 있듯이) 자신의 주장이 타당한지 여부는 스스로 알아보기 어렵지만, 담고 있는 내용이 '가짜 뉴스'인지 여부는 최소한의 성의만 있으면

---

7) MBN. 2024년 11월 18일: 소설가 한강의 작품들을 번역한 영국 번역가 데버라 스미스가 "채식주의자 내용을 '극단적이고 기괴하다'고 평가하는 것에 동의할 수 없다"고 밝혔습니다. 스미스는 "오히려 저는 주인공 영혜의 언니 인혜가 느끼는 것과 마찬가지로 그녀(영혜)의 당당함이 부럽다"고 털어놨습니다.

가려낼 수 있다. (내용이 너무 길어지므로 여기서 사례를 놓고 점검하는 일은 생략….)

결론은, 소설은 인간과 사회를 간접체험하게 해주는 교육자료이다. 등장인물의 언행이 추구하는 소의가 어떤 것인지, 그럴 가치가 있는 것인지, 그것이 비유하고 상징하는 바가 무엇인지를 면밀하게 살펴보아야 한다. 또 모든 글은 문자언어로 작성되는 까닭에 지식을 담고 있고, 문학 갈래 글은 감수성을 담고 있으므로, 쓰는 사람도 읽는 사람도 그 의미와 정체성을 따져가며 읽고 써야 한다. 읽을 때, 특히 쓸 때는 형부 비디오 아티스트의 후배 J의 말을 명심해야 한다.

"됐어요. 정말 됐어요. 더 추해지기 전에 그만해요. (중략) 정말 비참하군요."

박지극

자연自然

저 구도構圖

더 이상 나무랄 데 없는

저 색상色相

무얼 더 보탤까

한 치의 어색함이 없는

저 자연自然

스스로 그러한데…

아무렇게나 던져진 듯이 있어도

자연스러운

박지극

어느 날

어느 날
'어느 날'이랄 것도 없다
언제나 어느 날이니
어느 날은 지금이다

새 한 마리가 날아왔다
그리고 갔다
온 것도 지금이고
간 것도 지금이다
온 곳도 여기고
간 곳도 여기다
언제나 지금이고
어디나 여기다

새가 오고 가고

빨간 자동차도 오고 가고

개도 사람도 바람도 햇빛도 구름도 비도

그리고 꽃도

오고 갈 뿐인 여기가 지금이다

꽃을 포함하는

이 모두는

내게 다녀가는 슬픔 혹은 기쁨과 다르지 않다

언제나 지금

어디나 여기

청소년들에게 소설 읽기를 권장하는 이유
<채식주의자>를 학교 도서관에서 없애야 한다?

한강은 자신의 소설 <채식주의자>를 둘러싼 유해도서 지정 논란에 대해서도 사실상 첫 입장을 밝혔다.

그는 "이 책의 운명이란 생각이 들기도 한다"며 "그러나 이 소설에 유해도서라는 낙인을 찍고, 도서관에서 폐기하는 것이 책을 쓴 사람으로서 가슴 아픈 일이었다"고 말했다.

아울러 "<채식주의자>는 2019년 스페인에서 고등학생들이 주는 상을 받은 적이 있다"면서 "(스페인의) 고등학교 문학 도서 선생님들이 추천 도서 목록을 만들어 학생들에게 읽히고, 학생들이 오랜 시간 토론해서 그 책이 선정됐다"고 했다. (연합뉴스, 2024년 12월 6일, 스웨덴 현지 시간)

영화 <음란서생>의 한석규는 소설 <추월색>을 지어 당대 최고 인기작가로 부상하고도 자신을 드러내지 못한다. 물론 <음란서생>은 <춘향전>, <흥부전>, <심청전> 등과 견주기에는 정도가 심한 통속작품이었지만, 그 영화를 통해 우리는 당시 대중적 인기를 한몸에 모은 소설의 성격이 어떠한 것이었나를 유추할 수 있다.

사람들은 스스로 자신을 '사회적 동물'이니 '정치적 동물'이니 하고 떠받들어 왔다. 그러므로 당연히 우리나라에서는 현재 통일, 빈부격차 같은 거대담론을 다룬 소설이 대중의 관심을 끌어야 마땅하다.

그러나 실상은 어떤가. 사람들은 '소설' 하면 흔히 연애소설, 격을 낮추어 말하면 <음란서생>에 액자소설 형태로 등장하는 한석규의 작품 같은 통속소설류를 떠올린다. 소설小說은 '쪼잔한小 이야기說'인 것이다. 연애야말로 당사자들의 일일 뿐 이 세상과는 아무 관계도 없는 일 아닌가.

거대담론을 다루면 조정래의 <태백산맥>처럼 이야기가 복잡하고 길어지기 십상이니, 읽는 데 시간이 오래 걸리고, 책을 사는 데 돈도 많이 들고, 심지어 머리까지 아프다. 그뿐인가. 거대담론을 다룬 장편소설이 연애소설류만큼 재미있게 펼쳐지는 경우도 거의 없다.

하지만 소설 즉 '쪼잔한 이야기'가 독자 개인에게는 매우 중요한 일이니 이를 어쩌랴. 경북 고령에 가면 만나게 되는 대가야 고분군을 예로 들어 이야기해 보자.

고령군 대가야읍 지산동 주산主山 산등성이를 온통 점령하고 있는 이 어마어마한 고분군은 이미 1500여 년 전의 것들이지만, 지금도 보는 이들의 가슴을 짓누르는 엄청난 위압감을 지니고 있다. 특히 이 고분군들이 왕을 따라 목숨을 던진 순장殉葬 풍습을 고스란히 보여준다는 점에서 더욱 그렇다.

모시던 왕을 따라 자신의 목숨을 버리는 순장 풍습은 이승에서의 삶이 저승에 가서도 그대로 이어진다는 '계세繼世 사상' 때문에 계속 유지되었음이 틀림없다. 계세사상? 그러나 이러한 이데올로기는 거대담론이다. 의식화가 되지 않은 사람에게 이데올로기는 무용지물이다. 사후의 세계가 다 무엇인가. 지금 내가 사는 것이 오직 중요할 뿐이다.

지산동 44호 고분을 보라. 왕을 안치한 봉토 한복판에 있는 주석실主石室(주인돌방)은 길이가 9.4m나 된다. 주석실 둘레로는 두 칸의 부장석실副葬石室(부장품을 넣은 돌방)과 32기의 석곽石槨(돌널)이 있다. 그런데 12호널과 17호널에서는 아무런 부장품도 인골人骨의 흔적도 발견되지 않았다. 왕이 죽은 뒤 가매장에서 본 무덤을 완성하기까지 3년상을 치르는 동안 순장이 두려워 도망을 친 사람도 있었다는 사실을 보여주는 증거이다.

계세 사상이라는 거대담론이 누리를 휩쓸던 당대에도 그것을 거부하고 탈출한 사람이 있었으니, 하물며 지금과 같은 민주화·다양화의 세월에 어찌 소설이 거창한 이야기를 다루는 데 진력할 수 있으리.

인간소외의 시대를 사는 사람에게 하루하루는 그 자체가 이미 대부분 쪼잔한 일들의 연속이니, 사람 사는 이야기를 다루는 소설 또한 어쩔 수 없이 쪼잔해질 수밖에 없다. 그러나 사람이 한평생을 살면서 하염없이 쪼잔한 일에만 얽매여 허둥대는 것은 별로 환영할 만한 일이 못 된다.

거창하게 말하면, 그렇게 사는 것은 비인간적이다. 사람은, 사람 아닌 다른 동물들과 다르게 살아야 한다. 쪼잔한 일들을 경험하고 해결하는 데 생애의 대부분, 혹은 많은 시간을 투자하는 인생살이는 (본인이 의식하지 못하는 사이에) 동물적 삶, 혹은 노예적 삶이다. 역설적으로 말하면, 이 세상의 쪼잔한 개인적 일들과 직접 마주치기 이전에 소설을 많이 읽어 (간접경험을 충분히 쌓아) 그런 사소한 행로의 무의미를 깨우치는 것이 현명하다. '가지 않은 길'에 대한 미련이 없는 사람은 한평생을 완벽하게 영위한 것 아니겠는가.

소설은 사람 사는 이야기를 다룬다. 이른바 지식기반 사회라, 세상은 더욱 넓고 더욱 빠르게 변한다. 이를 모두 경험할 수도 없고, 그러기 위해 노력하는 것도 어리석은 일이다. 직접 경험해볼 가치가 있는 것만 골라 경험해야 한다. 가치 없는 일들은 소설을 통해 미리 없애

버려야 한다.

　예를 들면 사기詐欺 등 내가 직접 경험할 필요가 없는 생애의 병病과 같은 일들은 소설읽기를 통해 사전에 가려낼 일이다. 그래서 청소년기에는 소설을 많이 읽어야 한다. 성인이 된 뒤 읽어서는 늦다.

　시간은 없고 할 일은 많다. 세상 사소한 일들, 무의미한 일들, 병과 같은 일들을 하나하나 직접 경험할 필요는 없다. 시간이 아깝다. 짧은 인생을 길게 살려면 좀 더 가치 있고 소중한 경험들로 생애의 시간을 가득 채워야 한다. 그러면 인생이 길어진다. "나이가 많다고? 경험이 많다고 해두지"라는 광고 문구는 그저 광고 문구일 뿐, 오래 살아 많은 경험을 축적하는 것은 어리석다.

　신라 향가 <헌화가>에 등장해 수로부인에게 꽃을 꺾어 바치는 견우노인牽牛老人은 생물학적 나이가 많은 늙은老 사람을 지칭하는 것이 아니라, 노련老鍊한 능력을 갖춘 현인賢人을 뜻한다. 견우노인은 소설을 많이 읽어 세상의 이치를 날카롭게 헤아린 '깨달은 사람'인 것이다.

　신라시대 때에 무슨 소설이 있었느냐고? 물론 없었지만, 철哲은 현賢이므로, '견우노인은 철학자였다'고 보면 되겠다. 소설은 재미있게 쓰인, 읽기 쉽게 쓰인 철학책이라는 말이다. 철학책보다는 소설이 훨씬 재미있지 않나? 청소년들이여, 소설을 읽자.

2.

 소설은 서사敍事문학의 대표적 갈래다. 서사란 '풀어놓을 敍'와 '일 事'의 결합이니 소설은 글로 '사건을 풀어놓는' 것이라 하겠다. 事가 '일 사'인데 어째서 서사를 '일을 풀어놓는다'라고 하지 않고 '사건을 풀어놓는다'라고 하나? 우리는 흔히 대사건大事件이 벌어졌을 때 "큰일 났다!"라고 호들갑을 떤다. 일이 곧 사건이기 때문이다.
 일, 곧 사건(What)은 누가 일으키나. 사람이 일으킨다. 사건이 일어나려면 장소가 필요하고, 시간이 필요하다. 시간이 정지되어 있다면 아무 사건도 일어나지 않는다. 사건이 일어날 장소가 없다면 그 역시 마찬가지다. 연개소문이 영류왕을 죽이려면, 연개소문과 영류왕이라는 사람(Who)이 있어야 하고, 연개소문의 칼에 맞아 영류왕이 피를 토하며 죽을(How) 장소(Where)와 그럴 시간(When)이 있어야 한다. 여기까지가 '누가, 언제, 어디서, 무엇을, 어떻게'의 다섯 가지이다. 남은 것은 '왜(Why)' 한 가지이다.
 왜? Why? 사람살이에서 이것은 매우 중요하다. 왜 그랬을까? 소설은 사람의 살아가는 이야기를 기록하는 문학 갈래이니 Why를 소설식으로 말해보면, 이것은 갈등葛藤의 원인이자 과정이며 결과이기도 하다. 왜 그런 일이 일어났으며(갈등의 원인), 어떤 식으로 다툼이 펼쳐졌으며(갈등의 전개 과정), 종당에는 어떤 결과를 가져왔는가(갈등의 해소)?

사람은 사회적 동물이라고 한다. 이 말은 흔히 사람은 혼자서 살 수 없다는 뜻으로 읽히지만, 뒤집어 말한다면 사람은 서로 다투면서 살아간다는 말이다. 논의를 이렇게 진행하면 누군가는, 사람이 다투기만 하는 게 아니라 사랑하는 데 투자하는 시간도 많다고 이의를 제기할 것이다. 물론 맞는 말이다.

그러나 생각해보면, 사랑도 결국은 다투는 것이다. 내가 내 자식을 사랑한다는 것은 그만큼 다른 아이들을 덜 사랑한다는 뜻이니 세상의 아이들 사이에 갈등이 발생한다. 세상에 같은 것이라고는 있을 수 없으니 같은 자식 사이에도 사랑을 받는 정도가 다르다는 차별 의식을 느낀다. 내가 어떤 이성을 사랑한다는 것은 나와 동성인 누군가와의 다툼을 전제로 한다. 내가 나의 민족을 사랑한다는 것은 다른 민족과의 정치적 경제적 갈등이 상존한다는 사실을 익히 알기 때문이다.

내가 특정 종교를 섬기는 것은 나의 신이 다른 종교의 신을 다툼 끝에 제압할 수 있다고 믿기 때문이다. 최소한, 대단한 평화주의자나 박애주의자가 되지 못한, '그렇고 그런' 소시민의 경우에는 말이다.

현대소설의 등장인물은 소시민들이다. 고소설古小說에서는 영웅이 주로 등장했지만 이제는 바뀌었다. 정치적으로 표현한다면, 현대사회는 영웅이 세상을 구제하는 것이 아니라 평범한 민중들이 스스로 자신을 사람답게 살 수 있게 할 존재로 떠올라 있기 때문이다. 그들 스스로가 세상의 주인인 민주주의의 시대에 어찌 영웅이 날 것인가. 지금은 민중이 어리석으면 어리석은 영웅(무능한 현실의 권력자)이 나타나고, 민중이 현명하면 그를 잘 뒷바라지하는 멋진 공복公僕('공공의 종')이 뽑히는 시대일 따름이다.

그러므로 현대소설의 주인공은 언제나 '보통사람'들이다. "세상의 중심은 나"라거나 "우주의 중심은 나"라고 큰소리치는 광고가 등장하는 것도 다 이러한 시대의 변화 덕분이다. 소설식으로 표현하면, 고대의 영웅은 전지전능全知全能한 신의 존재에까지 이르지는 못했어도 자신을 가로막는 현실적 문제들(갈등)만은 궁극적으로 다 해결할 수 있었다(설인귀전, 심청전. 임진록 등등). 즉, 영웅에게도 갈등은 존재했지만 끝내 그 갈등들을 모두 해소하고 '행복한 결말'(happy ending)을 맞이할 수 있었다. 그것이 주제로 나타난 것이 권선징악勸善懲惡이다.

하지만 영웅이 없어진 현대사회에서는 소설의 주인공도 자신을 괴롭히는 갈등들을 완전히 해소해내지 못한다. 그래서 현대소설의 작가는 결말을 독자에게 맡겨 독자 스스로 그 소설의 주제를 결정하도록 한다. '사상의 자유'가 주어졌으니 천편일률적으로 권선징악을 주입하려 들어봐야 그저 헛수고일 뿐이다.

고민하고 갈등해야 하는 현대사회를 우리는 어떻게 살아야 하나? 결론부터 말하면, 어릴 때 혹은 젊을 때 소설을 많이 읽으면 장차 어른이 되어서 행복하게 살 수 있다.

그래서 선진국에서는 학교에서 광범위하고 장기간에 걸쳐 문학교육이 이루어진다. 특히 연극과 소설 교육이 크게 장려된다. 소설을 읽으면 세상이 보이기 때문이다. 소설 속에 등장하는 인물들은 현실세계에 실제로 존재할 법한 인간 군상群像들이고, 그들이 일으키는 사건 또한 세상의 낮과 밤에 실제로도 일어날 법한 일들이다.

그와 달리 고소설에서는, 역적으로 몰려 아버지와 어머니는 칼에 맞아 죽고, 장차 자라서 소설의 주인공이자 영웅이 될 갓난아기는 유모의 품에 안겨 도망친다. 마침내 추격군의 칼날 아래 비명횡사하기 직전, 유모는 아기를 절벽 아래 강물로 내던지고 그 자신은 피를 뿜고 쓰러진다. 아기는 절벽 아래를 마침 지나가던 도사道士에 의해 구출되어 천상天上의 무예와 도술을 익힌다.

요즘 세상에는 이런 일이 없다. 그 사실을 독자들이

너무나도 잘 안다. 현대소설의 독자들이 생애에서 현실적으로 겪는 갈등과, 소설 속 등장인물들이 겪는 갈등이 그 원인, 과정, 결과에서 너무나도 일치한다는 말이다. 그래서 현대소설은 '리얼리즘'을 숭상하게 되었다.

고등학교 입학을 앞둔 중학교 3학년 학생이 고교에서 교사와 학생 사이, 학생과 학생 사이, 학생과 학부모 사이에 어떤 갈등이, 왜 발생하고, 어떻게 진행되며, 어떤 결과를 낳는지를 생생하게 보여주는 소설을 읽으면, 그는 고등학교 시절을 행복하게 보낼 수 있다. 갈등의 발생 소지, 과정, 결과에 미리 대비할 수 있기 때문이다.

이 경우 소설은 곡돌사신曲突徙薪의 지혜를 보태준 생애의 조력자라 할 만하다. 곡돌사신?

옛날에 어떤 사람이 굴뚝을 직선으로 내고 아궁이 앞에는 땔감을 쌓아두었다. 그걸 본 이웃사람이 굴뚝을 구불구불하게 고치고(그래야 불길이 밖으로 잘 나오지 못하고) 땔감은 아궁이에서 멀찍한 곳으로 옮겨두라(드물게 불길이 밖으로까지 나왔다 하더라도 옮겨붙을 곳이 없으니 일찍 꺼진다)고 말해주었다. 그래야 화재의 위험을 피할 수 있다는 '지식 전파'였다.

그러나 집주인은 그 말을 듣지 않았다. 결국 불이 났고 마을사람들이 몰려와 불을 끄느라 진땀을 흘렸다. 돕는 과정에서 큰 부상을 당한 사람도 생겨났다. 집주인은 화재가 진압된 뒤 미안한 마음에서 술상을 차렸다. 집주인은 가장 큰 부상을 당한 사람에게 가장 많은 술을 따르고 최고의 안주를 권하였다. 그 광경을 본 한 사람이 말했다.

"곡돌사신이야."

불을 근본적으로 막는 방법을 가르쳐준 사람의 은혜는 알지 못하고 망한 뒤에야 눈앞의 도움을 준 사람의 고마움만 아니, 참으로 어리석다는 뜻이다. 소 잃고 외양간을 고치면 무엇하나. 소가 없으면 헛일이다.

소설을 읽으면 평범한 사람들이 겪는 세상살이의 갈등을 사전에 알게 되어 그 어려움의 늪에 빠지지 않고 행복하게 살 수 있다. 소설 읽기를 도원시한 탓에 세상을 미리 꿰뚫어보는 지혜를 갖추지 못해 우왕좌왕하다가 결국 불행의 고통에서 헤매는 사람이 되지 말고, 미리미리 소설을 읽어 곡돌사신의 지혜를 삶에 적용하자.

세상을 이루는 다툼의 구성 요소들에는 무엇이 있나. 성별(연애, 결혼, 남녀평등), 나이별(부모자식, 신구 세대), 계층별(상류층과 중산층 및 하류층, 사용자와 중간층 및 노동자, 교육자와 피교육자)…….

어떤 것은 '나'의 문제이고, 어떤 것은 공동체의 문제인데, 공동체의 문제에까지 인식이 도달하지는 못한다 하더라도 '나' 개인의 문제에는 잘 대처해야 최소한의 소시민적 행복이나마 구가할 수 있다. 부모 자식간의 갈등을 다룬 소설, 부부간의 갈등을 다룬 소설, 친구간의 갈등을 다룬 소설, 형제간의 갈등을 다룬 소설, 교사와 학생간의 갈등을 다룬 소설, 사장과 종업원간의 갈등을 다룬 소설들을 미리미리 읽은 사람은 그 갈등이 자기 자신의 문제로 닥쳐왔을 때 슬기롭게 해결할 수 있다. 어찌 그가 행복해지지 않겠는가!

나아가, 통일, 민주화…. 이런 것들이 내 인생과 무슨 관계가 있느냐고 생각하는 사람도 많지만, 그런 사회적 갈등을 다룬 소설을 읽은 사람은 인식의 수준이 높아지면서 세상을 바라보는 눈을 뜨게 되어(문맹文盲 탈피) 좀 더 인간다운, 차원 높은 삶을 향유하게 된다. 인식의 경지가 높아지면서 스스로가 주인이 되는 삶을 살 수 있게 된다는 뜻이다.

원인 없는 결과는 없다. 갈등이 있으면 그 원인부터 면밀하게 살펴보아야 한다. 심봉사가 눈을 뜨고 난 뒤 왕후를 바라보며 그녀가 자신의 딸 심청임을 알아보는 것도 이미 그녀를 태몽胎夢에서 본 적이 있기 때문이다.

나와 나를 둘러싼 사람 사이에 갈등이 등장할 기미가 엿보이면 그 원인부터 꼼꼼하게 생각해보자. 앞으로 어떻게 진행될 개연성이 높은지, 그 결과는 어떤 모습으로 나타나기 쉬운지 거듭거듭 고민해보자. 그렇게 하면 바람직한 해소책도 찾아낼 수 있다.

결론을 말하자. 소설은 세상의 모든 일事을 소재로 채택하여 과정을 풀어가는敍 글이니, 소설을 읽으면 내게 닥칠 현실적 갈등의 원인, 과정, 결과에 대해 미리 예습할 수 있다曲突徙薪. 어찌 소설을 읽지 않으랴.

칸트는 말했다, 소설을 읽는 데는 목적이 없지만 결과적으로는 목적을 달성한다無目的的 合目的性.

한강 작가는 "문학은 끊임없이 타인의 내면으로 들어가고, 또 그런 과정에서 자기 내면에 깊게 파고들어가는 행위여서 그런 행위를 반복하면서 내적인 힘이 생긴다"며 "문학은 우리에게 여분의 것이 아니라 꼭 필요한 것"이라고 말했다. (연합뉴스, 2024년 12월 6일, 스웨덴 현지 시간)

한강 소설가 노벨문학상 수상의 의의

[노벨문학상 심사위원회]
역사의 상처trauma에 맞서고
삶의 연약함을 드러낸
강렬한 시적 산문1)

　한강 소설가가 노벨문학상을 받았다. 한강은 한국인 최초, 그리고 아시아 여성 최초 노벨문학상 수상 작가라는 기록 보유자가 되었다.
　그의 수상은 한국사, 그리고 세계사에 어떤 의의로 등재될까? 우선 한국사 영역부터 헤아려보면, '조국'의 국격國格을 크게 높였다는 평가를 받으리라 여겨진다. 서

---

　1) 연합뉴스, 2024년 10월 10일: 세계 독자들을 한강의 작품으로 초대한 사람은 바로 영국인 번역가 데버라 스미스(37)이다. 영국에서 이 소설의 매력을 가장 처음 알아본 스미스는 2016년 연합뉴스와의 이메일 인터뷰에서 "한강은 인간의 가장 어둡고, 폭력적인 면을 완벽하게 절제된 문체로 표현해낸다"고 설명했다.

양 아닌 동양에서는 인도, 중국, 일본, 중동과 아프리카에서는 튀르키에, 이스라엘, 나이지리아, 남아프리카공화국… 1901년 이래 노벨문학상 수상자를 배출한 나라는 얼마 되지 않았다. 대한민국은 그에 들지 못했다. 그 과제를 한강 소설가가 해결해내었다.

노벨문학상 수상이 어째서 국격 향상이라는 비문학 분야의 큰 업적에 해당하는가? 문학이 정신情神문화의 영역인 까닭에 그렇다. 골프를 쳐서 세계선수권을 차지하는 등과는 본질이 다르다. 그 점을 간명하게 시사해주는 사건이 밥 딜런의 노벨문학상 수상이다. 딜런은 가수가 아니라 노랫말을 쓴 문학가, 즉 (음유)시인으로서 노벨문학상을 받았다.

베르그송 등이 철학 연구로, 스베틀라나 알렉시예비치가 <체르노빌의 목소리>라는 르포 집필 등으로, 크리스티안 마티아스 테오도르 몸젠이 <로마사> 등 역사 연구로, 처칠이 제2차 세계대전 회고록 등 기록문학으로 노벨문학상을 수상한 것도 그와 같다. 노벨문학상은 문학가에만 한정하지 않고 인문학 작가 전체에 문을 열어왔다. 과학상이나 경제학상 등 타 영역과 달리 인류의 정신사情神史2)를 고양한 인물을 치하해온 것이다.

---

2) 혼魂이 몸을 벗어나고 백魄이 시신과 더불어 소멸되면 타인과의 의사소통은 완전히 단절된다. 그 뒤는 산 자

한강은 '한글'소설 발표로 한국 정신의 품격을 지구촌에 과시했다3). '반만 년 문화 민족'을 자처해온 한국 사회의 기나긴 자화자찬을 세계가 인정했다.

둘째, 한강 작가는 "역사의 상처trauma에 맞서" 끈질기게 저항해온 한국인의 정체성을 다시 한번 지구촌에 각인시켰다.

이미 한국인은 세계사에 유례없는 45년여 독립운동4), 그리고 세계 도처가 반인간적 독재정치에 신음하고 있던 1960년대 초 ('2·28'에서 '4·19'로 이어진) 4월혁명으로 상징되는 민주화운동을 일으켜 지구촌에 큰 영향을 끼쳤고, 또한 뜨겁게 주목받은 바 있다.

그런 한국인이 '4·3'과 '5·18'이라는 현대사의 "상처 trauma"를 또 다시 극복해내고 정치 민주화와 경제 발전

와 죽은 자 사이가 철저히 차단되는 사후 세계이다.
  3) 연합뉴스, 앞의 기사: 스미스는 "부실한 번역은 우수한 작품을 훼손할 수 있지만, 아무리 세계 최고 수준의 번역이라도 보잘것없는 작품을 명작으로 포장할 수는 없다"고 말했다.
  4) "유럽 문명의 어머니"이자 인류 민주주의 발상지로서 한때 세계(지중해 중심 유럽)를 주름잡았던 그리스는 기원전 168년부터 기원후 1821년 독립선언(다른 유럽 국가들로부터 독립을 승인받는 1830년)까지 무려 2000년 가까이 다른 민족의 식민지로 살았다.

을 이루어내었다. "과거의 상처를 헤집어 파는 듯한 시각으로만 소설을 쓰"고 있다5)는 편협된 '시각'도 있지만, 지구촌은 한강 작가에게 노벨문학상을 수여함으로써 한강과 한국인들이 세계에 널린 인류 보편6) 질병(전쟁, 권력남용 등)을 치료하기 위해 성심誠心으로 노력하고 있다며 상찬했다.

셋째, 한국 사회를 좋은 방향으로 변화시킬 수 있는 훌륭한 기회가 한강 작가 한 사람에 의해 만들어졌다.
한국은 성인의 60%가 1년에 단 한 권의 책도 읽지 않는 지식기반사회판 문맹국이다. 게다가 이번 노벨문학상 수상을 두고 "왜 온 국민이 기뻐하지 않을까?"라고 물으면서 "노벨문학상은 분명한 수상 기준 없이 수여되"는 까닭에 "노벨상 수상 작품 중에 나를 감동시킨 작품들이 별로 없었다"7)식 발언을 쏟아내는 '지식인'들이 곳

---

5) 한충원, 2024년 11월 7일 발표문, 여러 신문.
6) 한국경제신문 2024년 11월 18일 : 소설가 한강의 작품들을 번역한 영국 번역가 데버라 스미스(37)는 5·18광주민주화운동을 그린 소설 <소년이 온다> 번역 인세를 이스라엘-하마스 전쟁으로 피해를 입은 가자 지구에 기부하기로 했다고 밝혔다. 스미스는 "가자 또한 고립된 것, 힘으로 짓밟힌 것, 훼손된 것, 훼손되지 말았어야 했던 것의 다른 이름"이라며 "광주와 가자 지구를 연결한 수많은 독자에게 깊은 감동을 받았다"고 전했다.

곳에서 '암약'하고 있다. 한국사회 또는 한국 정신문화의 현 수준이 아니라 한강 개인이 노벨문학상을 받았다는 말이다.

그런데도 지구촌은 한강의 '조국'에 노벨상을 안겨주었다. 그 권위를 잘 활용해, 노벨문학상 작가를 배출해 낸 국가다운 멋진 공동체로 환골탈태할 수 있는 절호의 계기가 지금 한국사회 앞에 먹음직스럽게 놓여 있다.

한강 작가의 노벨문학상 수상이 세계사에는 어떤 의의를 가진 사건으로 기억될까? 우선, 한국인 최초 수상자이므로 세계 문화의 보편 범주가 확대되었다는 평가를 받을 터이다. 그만큼 인류의 지구가 진정한 '지구촌'으로 나아가고 있다는 증거로 인정될 것이기 때문이다.

나아가, 아시아 최초 여성 수상 작가라는 점에서 서양 백인 남성 중심에서 지역과 성별을 따지지 않는 수준으로 세계정신이 향상되고 있는 증거로 인정될 것이다. 그런 점에서, "지구촌 지역 안배 차원이나 격년으로 남성·여성을 번갈아 가면서 수여하는 정치적 방식"[8]으

---

7) 한충원, 앞의 발표문.
8) 한충원, 앞의 발표문. 이런 주장은 전혀 사실이 아니다. 그 동안 노벨문학상 수상자 121명 가운데 여성작가는 약 15%에 해당하는 18명에 불과했다. 1909년, 26년, 28년, 38년, 45년, 66년, 91년, 93년, 96년, 2004년, 06년,

로 노벨문학상이 운영되고 있다는 트집잡기가, 그것도 수상 작가의 조국인 한국에서 자행되고 있는 현실은 참으로 안타깝다 하겠다.

"사르트르는 1964년, 노벨문학상을 거절해서 세상 사람들을 놀라게 했다."9) 여기서 세상 사람들이 놀랐다는 것은 사르트르와 일반인 또는 노벨문학상 심사위원회 사이에 커다란 생각 차이가 있었다는 뜻이다. 사르트르가 밝힌 수상 거절 사유, 즉 "노벨상이 서구 작가들에게만 치우쳐 있어서 그 공정성을 잃었다"10)는 말을 들어보면 사실상 그렇게까지 놀랄 내용은 아니었지만, 그래도 '세상 사람들'이 놀란 것은 그 이후 본인 의사로 노벨문학상 수상을 거절한 작가가 다시 탄생하지 않은 사실을 보면 충분히 이해되고도 남는 일이다.

09년, 13년, 15년, 18년, 20년, 22년, 24년이다.

9) 한충원, 2024년 11월 7일 발표문, 여러 신문.

10) 네이버 학생백과 '청소년을 위한 서양철학사'의 이 부분을 인용한 데에는 "사르트르는 노벨문학상을 거부했는데, 이는 작가와 철학자란 자신이 속한 체제나 이념에 얽매이거나 동조해서는 안 된다는 신념 때문이었다. 사르트르의 이런 신념은 국내 작가들이 4·3 사건, 6·25한국전쟁, 5·18민주화운동 등을 어떤 시각으로 바라보면서 작품을 써야 하는지를 교훈해준다"식 주장을 펼치는 사람들이 있기 때문이다.

사르트르가 노벨상 수상자 발표 전에 자신의 그런 생각을 자주 밝혀왔더라면 '세상 사람들'이 놀라는 사태는 발생하지 않았을 터이다. 사르트르와 '세상 사람들'이 그 부분에 관해 의사소통을 한 적이 없었기 때문에 사르트르의 노벨문학상 수상 거부 소식은 수많은 이들을 놀라게 만들었던 것이다. 사람은 깨어 있는 시간의 약 70%를 의사소통에 쓰는 존재이므로, 누구든 의사소통이 제대로 이루어지지 않는 상황에 놓이면 놀라고, 두려워하고, 비인간화되기도 한다.

의사소통은 대체로 말과 글로 이루어진다. 글은 상대적으로 상류 문화층이 많이 활용하는 경향이므로, 글보다는 말이 훨씬 더 대중이 일상에서 상용하는 의사소통 수단이라 하겠다. 즉 말이 통하지 않는 수준의 인간 집단은 참된 공동체라 할 수 없고, 아주 친밀한 사람 사이에 의사소통 불가능 상황이 갑자기 발생하면 누구나 큰 충격을 받는다.

그 극단이 죽음이다. 그것도 자연사도 병사도 아닌, 개인이 결코 감당할 수 없는 국가권력에 의한 죽음의 경우에는 더할 나위 없다. 하지만 아득히 먼 2500여 년 전에 맹자가, 다시 300여 년 전에 로크가 역성易姓혁명 사상을 부르짖었지만, 무도無道한 국가권력에 의한 살상은 이제나저제나 멈출 줄 모르고 계속되고 있다.

<소년이 온다>의 15세 동호는 친구 정대가 국가권력에 의해 목숨을 잃는 것을 직접 보았다. 말을 주고받을 친구가 갑자기, 이해할 수 없는 이유로 없어졌다. 동호는 "혼자 살아남은" 자신이 견딜 수 없다. 그래서 도청에 머물다가 본인도 국가권력의 총격을 당해 죽는다.

　　살아남은 김진수는 끝내 자살하고, 차마 입에 담을 수 없는 혹독한 고문을 당했던 임선주도 살아남았다는 사실 자체를 괴로워한다. "사람들은 스물네 살인 그녀가 사랑스럽기를, 사과처럼 볼이 붉기를, 반짝이는 삶의 기쁨이 예쁘장한 볼우물에 고이기를 기대했지만, 그녀 자신은 빨리 늙기를 원했다. 빌어먹을 생명이 너무 길게 이어지지 않기를 원했다." 이 역시 살아남은 김은숙의 깊고 아린 마음을 표현한 기록이다.

　　한강 작가가 제2장의 서사를 동호보다 앞서 죽은 정대의 시신이 끌어가도록 장치한 데에도 그런 마음씀씀이가 작용했을 것이다. 사람은 모두가 유아독존唯我獨尊의 존재인데, 죽었다고 해서 살아남은 사람들의 기억에서 사라져서는 안 된다. 그것도 국가폭력에 희생된 가까운 (→ 동족의→ 지구촌의) 사람들을 ….

　　그러므로 '5·18'이든 '6·25'든, 임진왜란이든 독립운동이든, 이른바 '주인공' 혼자만 부각되어서는 안 된다. 모든 인간의 살아있는 삶은 죽음으로써 끝나는데, 목숨을 바친 이에게 또 무엇을 요구한 말인가. 훈장의 등급을 나누고, 무덤의 크기를 달리하고, 그것도 작위作爲11)로 ….

심지어, 어찌 잊을 수 있단 말인가. 국가권력에 죽임을 당해 이제는 말을 주고받을 수 없게 된, 인간생활의 기본 조건인 의사소통이 불가능하게 되고 만 최소 공동체의 가장 가까운 사람을 어찌…12). 김은숙이 도청 앞 분수대를 틀지 말라고 애타게 요구하는 것도 그래서다. "며칠 되었다고…." 죽은 사람들을 어찌 그리 쉽게 잊을 수 있느냐는 '인간적' 항변인 것이다.

---

11) 순자: 사람人이 무엇인가를 하면爲 거짓僞이 된다.
12) 노자는 소국과민小國寡民, 고대 그리스는 남자 일반 성인 3000명 수준의 폴리스를 좋아했다. 수가 많아지면 거대권력이 발생하고 그것이 인간소외를 낳는다고 보았던 것이다. 인류 역사에서 가장 소규모 공동체는 가족이고, 가장 소규모 인간관계는 '둘도 없는 벗'이다. 둘도 없는 벗이 죽었는데도 "다 잊고 공부나 하라"고 한다. "피해자인 내가 아무리 억울하다고 해서 할 말 다 한다면 내가 속한 공동체는 깨질 수 있네. 그래서 어떤 경우는 죽을 때까지 비밀을 품고 간다는 말이 있지 않은가? 가해자가 죽은 뒤에 그 비밀을 말하거나, 그 후손들의 명예를 생각해서 영원히 비밀에 부칠 경우도 있다네. 이것이 인간에게 주어진 양심이며 기본적인 도덕률이네"라고 말한다. 전체주의 사고의 보유자가 그렇게 말하는 것은 죽은이를 자신의 소규모 공동체 구성원, 즉 가족이나 벗으로 여기지 않기 때문이다.

그런데 정대의 시신이 서사를 끌어가도록 하려니 시점視點이 문제점으로 떠오른다. 정대의 시신을 '나'의 1인칭으로만 등장시키면 '문학적 사실'로서의 허구虛構가 정말 허구로 변해버린다. 그래서 정대가 때로는 2인칭인 '너'로 등장한다.

그 뒤로도 <소년이 온다>는 장이 바뀌면서 시점이 3인칭이 되었다가 1인칭이 되었다가 자꾸 변한다. 그 결과 소설이 어렵다. 줄거리 중심으로 읽어온 것이 소설 독법의 전통인데, 그것이 사라져버렸기 때문이다.

소설 마지막에 가면 동호 어머니가 "이상해진다". 다른 가족들도 이상해졌다(치매 증상)고 말한다. 왜 이상해지는가? 세속 논리로 보면 이상해진 것이지만, 동호 어머니로 보면 그래야 아들을 만들 수 있다. 이상해진 것이 아니라 바라고 바라던 일이 이루어지는 최선의 상태가 된 것이다. 죽은 아들을 만날 수 있는데 어찌 그것을 싫어하랴.

<작별하지 않는다>의 인선 어머니도 치매에 걸리자 손가락을 잠자는 딸 입에 집어넣음으로써 어릴 때 학살당한 동생을 구하지 못하고 "혼자 살아남은" 신원伸寃을 하려 한다. <채식주의자>의 영해도 정신이상이 됨으로써 아무도 해칠 수 없는 나무로 변신한다.

이른바 정상 상태에서는 구원의 경지에 도달할 수 없

다면 그것은 문제가 아니냐고, 정상 상태에서 구원에 도달할 수 있어야 모두가 사람답게 살아갈 수 있지 않느냐고, 한강 작가는 말하고 있다. 사인私人인 개인과 또 다른 사인인 개인 사이, 국가國家권력과 국민國民 개인 사이에 의사소통이 원활하게 이루어지면 평상시에도 스스럼없이 가능한 그것이, 누군가가 죽고 나서, 그것도 살아남은 사람마저 치매에 걸리고 나서야 실현되는 이 세상, 만물의 영장 인류가 이렇게 살아서는 안 된다고 한강 작가는 호소하고 있다. 상처를 치료하고, 다친 사람을 위로하고, 이제는 앞으로 밝게 "꽃이 핀 쪽으로" 나아가자는 제안이다. 그런데도 누군가는 이렇게 '무심히' 말한다.

> 5·18은 불의하고 야만적인 정권 탈취자에 대한 의로운 항거였네. 하지만 성공하지 못하고 처참하게 실패했네. 하나님의 때가 아니었기 때문이네.
>
> 만약, 당시에 '김대중 선생'이 한국에 없었다면 5·18이 일어났을까? 아마 5·18은 일어나지 않았을 것이네.13)

---

13) 한충원, 2024년 11월 7일 발표문, 여러 신문.

이상일 ▌한강韓江이 한강漢江의 기적이다

韓江은 漢江의 기적을 이룬
대한민국에서 자라고 성장해서
한국 문학사文學史에 기적을 이룬 소설가

아시아 최초의 여성으로
노벨문학상을 수상 받아
아세아 여성들도 문학을 한다는 것을
세계에 알린 일등 공신

전쟁, 이데올로기, 질병 등
온갖 악조건을 극복하고
살아가는 개개인의 삶을 통해
인류애와 공동체 부활을
희망하며 글을 쓰는 작가

육체는 연약하고 고요하지만

강인하고 굳은 불꽃의 혼으로
인간 내면을 끝까지 사랑하며
정신세계를 치열하게 그린 작가

조국의 역사적 아픈 상처와
그 흔적들이 소설이란 창窓을 통해
비로소 자신을 돌아보게끔
숙제를 던져준 작가

한국의 문학이 세계적 문학이라는
수준과 명제를 증명시킨
국격을 높인 위대한 작가

인류가 서로 사랑하며
자연스럽게 작별하는
밝은 소년이 오는
세상을 만나고 싶다. (2024. 11. 21.)

정모기 수필
내가 만난 노벨문학상 수상작가 한강

    2024년 10월 10일. 스웨덴 한림원이 한강 작가를 노벨문학상 수상자로 발표했다. 믿기지 않았다. 노벨문학상이라니, 한강 작가!

    나에게는 생소한 이름이다. 평소 독서와 동떨어진 나에게도 감동이 밀려온다. 가슴이 뜨거워진다. 뭔가 국운 승천의 기운이 느껴진다. 우리도 노벨문학상을 원어로 읽을 수 있게 되었다고 독서광인 아내가 야단법석을 떤다. 원어로 노벨문학상 수상 작품을 읽을 수 있다니 나도 대단하다. 지금까지 노벨문학상은 외국인이 차지했다. 원서로 읽는다는 것은 꿈에도 생각지 못한 일이다.

    고작 읽은 것은 번역본뿐이었다. 번역본은 원본에서 작가가 하고자 하는 말과 뜻을 제대로 표현하는 것은 불가능하다. 그것은 언어 사이에 존재하는 미묘한 표현의 차이가 존재하기 때문이다. 그런 미묘한 표현의 차이로 인해 원작과 조금은 다르게 작가의 뜻을 전달했을지도 모른다.

그러나 2024년 노벨문학상 수상작은 다르다. 내가 읽고 쓰고 말하고 있는 모국어인 한글로 쓰인 작품이다. 이 얼마나 대단하고 축복받은 일인가! 나도 노벨문학상을 받은 국민의 한 사람이다. 자부심으로 가슴이 벅차오름을 느낀다.

언론도, 유튜브도 이 나라의 온갖 매스컴은 연일 한강 작가로 인해 난리다. 온 나라의 서점에는 한강 작가의 작품을 구하기 위한 행렬로 장사진을 이루고, 바다 건너 이웃한 일본도, 프랑스도, 거의 모든 나라가 한강 열풍으로 휩싸여 있다. 한강 작품은 이제 돈 주고도 못 사는 귀중품이 되었다.

인터넷을 시작으로 전국 서점에도, 중고서적 판매점까지도 한강 작품은 보기 힘들어졌다. 당근마켓에서 조차 한강 작가의 초판은 70만 원을 호가하며 고공 행진 중이다. 하루 사이 한강 작품은 전국 서점에서 품절 되었고, 전국의 출판사는 한강 작가의 작품을 인쇄하기 위하여 인쇄용 종이를 확보하기 위해 난리를 치고 있는 탓에 종이마저 품절 되는 사태에 이르렀다.

고사 위기에 처해 있던 인쇄소는 밀려드는 주문을 감당하기 위해 밤새 윤전기를 돌리고, 인쇄된 책들은 금세 전국의 서점으로 배송되지만 수요에 비해 공급은 턱없이 모자란다. 금세 전국의 서점은 입고와 동시에 품절되는 기이한 현상이 벌어지고 있고 한 권의 책이라도 구하기 위해 새벽부터 늘어진 구매 행렬로 장사진을 이룬다. 온갖 매스컴은 한강 소식으로 도배하고 있었기에 손쉽게 작품을 접하게 되었다. 이 모두가 우리나라에서 고도로 발전한 인터넷이란 매개체가 우리에게 이미 친숙하게 나의 일상에서 함께하고 있었기 때문이리라.

한강의 대표작 <소년이 온다>, <작별하지 않는다>, <채식주의자>는 이제 온 국민이 노벨상 수상자의 대표작으로 기억하는 놀라운 기적을 일으켰다. 작품 해설과 낭독과 강연 등으로 한강 신드롬은 꺼질 줄 모른다. BTS와 방탄 등에 의한 K-POP이 세계적인 흥행과 팬의 저변확대로 인해 세계적으로 유명세를 더하며 K-음식, K-방산, K-조선에 이어 이제는 K-문학으로 거의 모든 장르를 아우르며 이제 K-문화는 세계의 중심이 되었다.

문득 25년 전, 타이완 포모사 중공업에서 비파괴검사 고문으로 생활했던 그 시절이 떠오른다. 한창 IMF로 국내 경제는 침체의 늪에 빠져 허우적거리고 있던 차에 난생처음으로 외국이란 곳에서 혼자 일과가 끝나고 숙소에 들어오면 TV를 보는 것이 유일한 낙이었는데, 외국의 TV를 통해 방영되는 한국 드라마의 한글 자막을 보며 감동으로 가슴이 울컥하고 순간 눈물이 고이던 그 시절을 떠올려 본다. 한글 자막을 봤을 뿐인데도 그러했거늘

하물며 내가 읽는 한강 작품을 세계인들이 원어로 읽으려고 노력하는 모습이 눈에 선하고, 나는 그러한 노력을 하지 않아도 원어로 노벨문학상 작품을 읽을 수 있음에 가슴 뿌듯하고 자랑스러움에 어깨가 절로 올라간다.

한강 선생님! 고맙습니다. 당신 덕분에 오래전 내가 꿈꾸어 오던 것이 조금은 더 빨리 현실이 되고 있음을 느끼게 됩니다. 그것은 다름 아닌 한글의 세계화입니다. 우리는 영어를 10년 아니 20년 이상을 배우고 있음에도 말하고 쓰는 데 애로사항이 많습니다. 이제는 굳이 외국어 공부를 하지 않아도 세계인들이 우리가 영어 공부를 해왔던 대로 한글을 배우고 익혀 세계 어디를 가도 한글로 의사소통에 지장이 없는 그 날을 꿈꾸어 왔습니다. 한강, 당신으로 인해 그날이 조금 더 빨리 다가올 수 있다고 믿기에 감사함이 더합니다.

아내를 통해 한강 노벨문학상 수상 작품에 대한 강연이 태전도서관에서 3회에 걸쳐 열린다는 소식을 들었다. 그중 제1회로 실시된 <소년이 온다>에 대한 정만진 작가의 강연을 유튜브로 들었다. 나머지 두 차례는 현장에 가서 직접 들어야겠다는 생각이 강하게 들어 수강 신청했고, 드디어 <작별하지 않는다>를 시작으로 <채식주의자>까지 제2회, 제3회 강연을 들었다.

나도 언젠가는 책을 써야겠다는 강한 욕구와 계획이 있었는데, 두 번의 강연은 그동안 간직하고 있던 내 생각이 송두리째 뿌리가 뽑히는 계기가 되었다. 소설은 하루아침에 이루어지지 않고 꾸준히 계속 작품 활동을 해야 하며, 특히 노벨문학상은 작가의 대표작 한 작품만 가지고 평가하는 것이 아닌 전 생애에 걸쳐 활동한 작품으로 평가된다는 것, 그리고 작품 활동의 시기에 따라 작가의 작품세계도 변화가 있다는 사실을 알게 되었다.

나아가 문학 작가도 글을 쓰는 기술자, 전문가란 생각을 하게 되었다. 기술자는 자기가 종사하는 분야의 전문가이듯 작가도 글을 통하여 작품을 만들어 가는 글쓰기의 기술자란 생각을 하게 되었다.

소설 장르도 예전에 중·고등학교 때 배웠던 것이 아닌 세계적인 트랜드를 따라야 현 세계와 공감하며, 작품 세계도 역사적 사실과 현재의 상황을 접목하여 작품을 통해 작가가 하고자 하는 이야기를 독자들에게 들려주는 메신저 역할을 하고 있음을, 또한 문학작품을 통해 현 사회의 현상을 고발하고 올바르게 나아갈 방향을 제시하는 기능이 있음도 알게 된 것이 가장 큰 수확이었다.

문학작품을 통해 5·18민주항쟁과 제주4·3사건 및 자기 자신의 관점으로 남을 옥죄이기보다는 상대의 관점에서 이해하는 노력이 필요하고, 작게는 가족 단위로 시작해서 나라와 세계문제까지 확대해서 바라볼 수 있는 안목도 키워나가야 함을 알게 되었다. 묻혀가는 과거의 아픔을 잊지 않게 기억의 세계로 불러와 다시금 진실을 규명하고 미래로 나아가려는 노력, 그리고 날로 늘어가는 치매의 심각성을 헤아리고 대처방안을 강구해야 할 필요성에 대해 다시 한번 생각하게 되었다.

　예기치 않은 비상계엄 선포로 한강 작가의 노벨문학상 수상의 가치가 절하되지 않았으면 하는 바람이다. 3시간의 코미디 같은 밤사이에 우리의 국격이 저만치로 추락하던 시점에 한강 작가의 노벨상 수상과 노벨 week을 통해 저만치 추락한 국격을 다시금 드높이는 계기가 되고 하루빨리 이전의 모습으로 되돌려지기를 기대해 본다. 오늘은 2024년 12월 7일, 17시 국회에서 탄핵을 의결하는 날이다. 온 국민이 바라는, 사회 질서가 반듯이 세워지는 날이 하루빨리 오기를 간절히 소망한다.

김성순 수필

한강 노벨상 수상 기념 문학강연을 듣고
<작별하지 않는다>를 중심으로

　한강 작가님의 노벨 문학상 수상은 가히 경이로웠다. 생애 일어날 수 없는 일 중 하나로 여겨왔기 때문이다. 어린 시절 빨리 어른이 되어 돈을 벌고 싶어했는데, 읽고 싶은 책을 내 돈으로 마음껏 사서 모조리 읽고자 하는 마음도 그 이유 중 한 가지였다.
　<채식주의자>를 접한 건 그 중심의 끝일 때쯤인 듯한데 시집으로 오해를 받을 만큼 두껍지도 않고 글도 빽빽하지 않았는데도 난해해 했던 것 같다. 소설이라면 당연히 이야기 중심으로 술술 읽혀야 하는데 1장이 아니라 한 문장을 읽고 나면 다시 호흡을 가다듬어야 했다. 그래서 그 기억 때문인지 나에겐 금서가 되어 버렸다.
　그런데 그 한강 작가님이 노벨 문학상을 탄 것이다. 다행히 정만진 작가님이 한강 노벨상 수상 기념 문학강연을 준비해 주셨다. 1탄 소년이 온다, 2탄 작별하지 않는다, 3탄 채식주의자.

6시간 꽉 채운 시간으로 얻게 된 한강 작가님의 작품…. 특히 <작별하지 않는다>는 제주 4·3사건에 대한 깊은 성찰과 이해를 하게 했다. 동병상련 추체험의 도구인 손가락으로 서로를 이해하게 된 인선과 인선 어머니, 악몽을 꾸는 경하와 인선 어머니, 눈을 통해 연결되는 경하와 인선 어머니.

일반화와 세밀한 복선으로 베트남 할머니와 독립군 할머니를 배치하고, 군인으로 베트남, 일본군, 광주를 등장시킨다. 제주도에서 남이 아님을 표하는 삼촌이란 호칭, 그리고 새와 집의 불빛과 치매로 자연스러운 연결. 박경리 님의 <토지>와 박완서 님의 글에 익숙하고 길들였던 나로서는 정만진 작가님의 해석을 통해 <작별하지 않는다>도 역사소설로 다가왔다.

경하가 새에게 물을 주기 위해 인선의 제주도 집을 가는 도중에 겪는 추위엔 오싹해서 뜨거운 차를 마셔도 가시지 않았다. 이전까지는 눈은 평화로운 일상을 나타냈는데 이젠 세상을 살면서 견디어 내야 하는 것으로 다가왔다. 한강 작가님의 노벨상이 아니었으면, 정만진 작가님의 특강이 아니었으면, 조용히 책장을 넘기면서 원서를 읽어냈을까 싶다.

'소년이 온다'가 현실로 다가온 지금, 어떤 방식으로든 기억하지 않으면 다시 재발된다고 본다.

스웨덴Kingdom of Sweden은 어떤 나라?

'노벨상의 나라' 스웨덴은 의료혜택·실업수당·무료교육·노후연금 등 완벽한 사회보장제도 실시로 '북구의 (1)■■'이라 불리는 세계 최고 수준 (2)■■국가로, 입헌 군주국[1]이다.

스웨덴은 우리나라(99,720km²)의 약 4.5배인 449,964km²의 땅을 가지고 있다. 그러나 해안선은 우리나라의 약 20%에 지나지 않는다. 수도는 스톡홀름이고 스웨덴어를 사용한다.

인구 1,020만의 83%가 (3)■■족에 속하는 스웨덴 태생이고, 나머지 17%는 외국 태생이다. 국민 63%가 복음 (4)■■교를 믿는다. 가톨릭교도는 1.5%에 불과하다. 1인당 국민소득은 5만 3,873달러(우리나라는 3만5천 달러 수준).

역사는 우리나라에 견줘 훨씬 일천하다. 500년[2] 무렵 (3)■■족 일파인 고트인이 스칸디나비아반도 남부 쇼넨 지방에 거주하기 시작했고, 그보다 100년가량 뒤인 600년 전후에는 역시 (3)■■족 일파인 스베아인이 중부 웁살라 부근에 정착했다. 이 두 종족이 어우러져 살면서 (5)■■인의 시조가 되었다.[3]

---

1) 국왕은 명목상의 국가원수. 정치권력은 내각에 있다.
2) 《삼국사기》: "(지증왕) 3년(502) 봄 3월에 순장을 금했다. 처음으로 소를 농사에 사용하게 했다."
3) (1)낙원, (2)복지, (3)게르만, (4)루터, (5)스웨덴

176 한강 소설가 →

9~11세기 '바이킹 시대'를 거쳤다. 바이킹(또는 노르만)은 상인 또는 해적 생활을 했다. 라인강과 엘베강을 거슬러 올라 연안을 약탈했고, 파리 서쪽 해안에 911년 (6)▮▮▮▮ 공국을 세웠으며, 발트해 동부와 흑해 북부로 가서 882년 (7)▮▮▮의 시초 국가인 키예프 공국을 일으켰다. 그들은 남프랑스와 남이탈리아에도 정착했다.

바이킹 시대는 11세기 중엽 막을 내렸다. 이 무렵 발트해 연안에 독일 도시가 생겨났고, 독일 상인들이 상업을 목적으로 스웨덴에 진출했다. 독일 상인들은 스웨덴 도시를 자신들의 거류지와 물자 집산지로 활용했다. 발트해 상권의 선구자는 본래 스웨덴인이었지만 이제 독일인에게 그 지배권이 넘어갔다. '도시(8)▮▮조합'인 한자Hanseatic동맹League4) 성립 이후 그 현상은 더욱 심화되었다.5)

북유럽 국가들은 왕가 사이에 통혼이 많았다. 1397년 덴마크 겸 노르웨이 여왕인 마르그레테가 스웨덴 왕을 폐하고 3국을 통합함으로써 스웨덴은 그에 복속되었다. 이로써 3개국이 한 군주의 지배에 복종하는 동군연합同君聯合의 통합왕권이 성립되었는데, 이를 '칼마르 동맹'6)이라 부른다.

---

4) 한자 동맹: 중세 북유럽 일대 상업권을 지배한 북부 독일 도시들과 외국에 나가 있는 독일상업집단이 서로의 교역 이익을 지키려는 목적으로 만든 조직이다. 도시상인조합 Hansa는 12~13세기 때 특히 많이 존재했다. 이들은 자체 방어용 해군을 보유했고, 자체 법과 법정도 가졌다. 독일이 통일국가도 아니고 황제권이 강력하지도 않은 나라였다는 점이 한자동맹 번창의 한 요인이었을 수도 있다. 한자동맹은 신항로가 발견된 이후 용도가 떨어졌으므로 급속히 쇠퇴했다.

5) (6)노르망디, (7)러시아, (8)상인

스웨덴인의 저항이 없을 리 없었다. 1434년 엥겔브렉트손이 농민 반란군을 일으키자 귀족과 시민들도 동참했다.
반란은 (9)■■운동으로 승화했다. 비록 독립을 이루지는 못했지만 이 반란은 스웨덴 시민의 (10)■■권 확대 계기로 작용했다. 귀족 중심 자문기관이던 평의회에 농민이 참가했고, 귀족·(11)■■■·시민·농민 4부로 된 (12)■■가 구성되어 스웨덴 근대 민주의회의 원형으로 자리를 잡았다.
1523년 독립을 쟁취할 때까지 스웨덴은 덴마크의 지배를 받았다. 이 무렵 스웨덴 귀족 구스타브 바사가 농민군 결성과 한자동맹의 지원을 기반으로 덴마크 통합왕권 축출에 나섰다. 이윽고 그는 의회 추대로 국왕 구스타브 1세에 옹립되었고, 바사 왕조가 출범했다. 당연히 칼마르 동맹은 무너졌다.[7]
이 무렵 독일에 종교개혁[8]이 일어났다. 구스타브 1세는 이를 도입해 교회개혁을 촉진했다. 의회도 1529년 루터파

---

6)《두산백과》〈칼마르 동맹〉: 1397년 발트해에 임한 스웨덴 도시 칼마르에서 성립되었다. 덴마크 여왕이자 노르웨이 왕인 마르그레테는 다시 스웨덴의 귀족들을 움직여서 알베르트왕을 폐위케 하고, 1397년 7월 13일 칼마르에서 열린 귀족회의에서 3왕국 국가연합을 결의케 하였다. 덴마크왕을 수장으로 하는 이 연합체제는 120여 년간 존속했으나 15세기 중엽부터 스웨덴에 독립 기운이 일어나 약화되고, 1523년 구스타브 1세가 스웨덴 국왕으로 선출됨으로써 해체되었다.

7) (9)국민, (10)참정, (11)성직자, (12)의회

8) 교황의 '면죄부 판매'에 항의하여 루터가 1517년 10월 31일, 비텐베르크성城 교회 정문에 라틴어로 된 <95개조 의견서>를 내걸었다.

신교를 채택했다. 독립국가로서 국민주의가 고양되어 있었으므로 종교개혁은 순조롭게 진행되었다. 종교개혁 과정에서 몰수한 교회 재산은 (13)■■강화에 도움을 주었다.

바사 왕조 때 스웨덴은 큰 발전을 이루었다. 특히 '북방의 사자' 구스타브 아돌프가 맹활약한 17세기 들어 전성기를 열었다. 구스타브 2세(1611~32)는 발트해를 '바이킹 시대' 때처럼 '스웨덴의 (14)■'로 만들기 위해 러시아 및 폴란드와 전쟁을 벌여 국토를 확장했다.

독일 (15)■교도들의 요청을 받아 흔히 "최대이자 최후의 (16)■■전쟁"으로 불리는 '30년 전쟁(1618~48)'9)에 개입해 승리했고, 1632년 발렌슈타인10)을 제압했다. 신성로마제국의 사실상 소멸11)을 상징하는 베스트팔렌조약으로 포메른·브레멘 등 북부 독일의 많은 땅도 획득하였다.12)

구스타브 2세는 내정에도 많은 업적을 이루었다. 유럽 국가들의 장점을 받아들여 국정개혁을 추진하였는데, 내각제도 정비·교육제도 쇄신·산업 장려 등에 힘썼다. 이로써

---

9) 1618년 신교도 탄압에 대한 저항으로 시작되었는데, 프랑스, 덴마크, 스웨덴 등이 신교도를 지원하고, 에스파냐가 신성로마제국 황제를 지원함으로써 국제전이 되었다.

10) 발렌슈타인(1583~1634): 1617년 무렵 백작에 봉해지고, 30년 전쟁 때인 1625년 황제군을 통솔해 프로테스탄트인 덴마크의 크리스티안 4세를 격파하는 등 많은 공을 세웠다. 실러가 그를 주인공으로 하여 쓴 동명 희곡이 있다.

11) 800년 프랑크왕국(프랑스) 카롤루스 1세가 교황으로부터 '서로마 황제' 대관을 받았고, 962년 오토 1세(독일)가 교황으로부터 '신성로마제국 황제' 대관을 받았다.

12) (13)왕권, (14)호수, (15)신, (16)종교

스웨덴은 근대국가의 면모를 갖추었고, 국제적으로도 북유럽 소국에서 일류국가로 약진했다.

구스타브 2세의 뒤를 이은 크리스티나 여왕은 평생을 독신으로 지내면서 학문과 예술을 진흥했다. 여왕 퇴위로 바사 왕조는 단절되었다. 그 후 1697년 칼 12세(1697~1718)가 출현하면서 스웨덴은 (17)■■ 지배권을 놓고 20년 동안 러시아·폴란드 연합군과 '북방 전쟁'을 벌였다. 그러나 1709년 러시아 표트르 1세에게 지고, 그 후 덴마크·프로이센 군에 또 패퇴함으로써 (17)■■ 연안의 해외 영토 대부분 상실했다. 그 결과 스웨덴은 북유럽 강국에서 지난날의 소국으로 되돌아갔다.

칼 12세 사후 국민 불만이 폭발해 프레데리크 1세 때 왕권 약화와 정치적 불안이 도래했다. 1723년 (18)■■ 제한과 (19)■■ 강화를 주안점으로 한 새 헌법이 제정되었다. 하지만 정당 사이의 다툼은 외교정책 혼선까지 불러왔다. 명분도 소득도 없이 오스트리아 왕위 계승 전쟁13)과 7년전쟁에 참전했다가 많은 영토를 잃었다.14) 나폴레옹 전쟁15) 때

---

13) 프로이센 왕국은 프리드리히 대왕(1740~86) 때 유럽의 신흥 강국으로 떠올랐다. 1740년 오스트리아 제위를 마리아 테레지아(1740~80)가 계승한 데 반대해 바이에른·작센·프랑스 등이 '오스트리아 왕위 계승 전쟁'(1740~48)을 벌였을 때 프리드리히 대왕은 오스트리아의 슐레지엔 지역을 점령했다. 마리아 테레지아는 프랑스·러시아 등의 지원을 업고 슐레지엔 탈환을 목표로 7년전쟁을 일으켰으나 영국의 지원을 업은 프리드리히 대왕을 이기지 못했다.

14) (17)발트해, (18)왕권, (19)의회

15) 1797~1815년 나폴레옹 1세(1804~14/15)의 지휘하

도 친나폴레옹 입장에서 러시아와 싸워 핀란드를 상실했다.

스웨덴이 프랑스 장군 베르나도테를 황태자로 맞아들인 것은 그나마 요행이었다. 이는 나폴레옹의 비위를 맞추기 위한 스웨덴 정치의 옹졸한 조치였는데, 1809년 권력 장악 후 반나폴레옹 태도를 취한 베르나도테는 1814년 덴마크를 공격해 노르웨이를 얻어내었다. 1818년 왕위에 올라 "칼 14세"를 칭한 그는 현 스웨덴 왕조의 시조가 되었다.

1905년 노르웨이의 독립을 승인한 이래 스웨덴은 민주정치의 안정을 이룩했다. 이때 (20)■■선거, (21)■■대표제, (22)■■책임제를 확립했다. 사회보장과 농업공동화 등을 목표로 하는 온건 사회주의 정당이 출현해 최대 정당으로 성장했다. 제1, 2차 세계대전 때 모두 중립을 지켰다.

1982년 '(23)■■냐, 재정 재건이냐'를 둘러싸고 치열한 논쟁에 휩싸인 총선이 실시되었다. (23)■■국가 유지(노동기금 정책)를 내세워 승리를 거둔 사회민주노동당은 공산당의 협력을 얻어 사회당을 창당했다. 1988년 총선 때도 사회민주노동당-공산당 연합이 재집권했다.

그러나 1991년 총선에서는 사회(23)■■ 예산 감축과 경제 활성화를 주장하는 보수당이 승리했다. 비사회주의 연정은 (24)■■식 복지 모델 포기 논란을 일으켰다. 2006년 총선에서는 중도우파연합이 승리했다. 2014년 이래 중도좌파가 정권을 잡고 있다.16)

에 프랑스가 유럽 여러 나라들을 침략해 벌인 전쟁

16) (20)보통, (21)비례, (22)내각, (23)복지, (24)스웨덴

현진건 장편소설

적도赤道 연재 중

(지난 줄거리) 영애가 감옥 정문에서 여해의 출소를 기다리고 있다. 두 남녀는 본래 연인 사이였다. 그런데 영애가 돈 많은 다른 남자와 결혼해버렸다. 여해가 감옥에 갇힌 것은 그녀의 남편을 칼로 찔렀기 때문이다.

두 남녀가 영애의 집으로 온다. 그녀의 남편은 여해를 취직시켜주겠다는 약속까지 했다. 여해는 어마어마한 저택이 낯설기만 하다. 잠시 후, 영애의 세 살짜리 딸 명희가 여해의 이마에 있는 흉터를 가리키며 "이게 뭐야?" 하고 묻는다.

1919년 3월 독립 만세 운동 때의 일이다. 여해가 영애를 겨냥한 일본 경찰의 무기를 막다가 부상을 입었다. 영애가 자신의 치마를 찢어서 흐르는 피를 막았다. 그 와중에 흉터가 생겼다.

학교에 갔던 영애의 시누이 은주가 귀가한다. 은주는 여해를 영애의 친오빠로 알고 있다. 세 사람은 밤늦도 대화를 나누다가 이윽고 헤어져 각자의 방으로 간다.

여해가 잠을 이루지 못하고 뒤척인다. 이때 영애도 잠을 이루지 못하고 있었다. 왜냐하면 여해를 집으로 데려오고, 그의 장래를 위해 여러 일을 도모하기로 결정한 것이 너무나 어려운 일을 벌인 듯하다는 생각이 든 때문이다. 문득 그녀는 일찍 귀가하지 않고 있는 남편이 원망스러웠다.

그녀의 남편은 나라 안에서 손가락에 꼽힐 만큼 바쁜 사람이다. 그녀도 자신의 남편이 얼마나 바쁜 몸인 줄을 잘 안다. "이게 다 기생 명희 탓이야!" 그의 남편은 절대로 기생을 건드리는 법이 없었다. 부부의 사랑이 벌어질 틈이 없었다. 그런데 명화가 나타났고, 마침내 이 집에까지 출입을 하기에 이르렀다.

그 기생의 팔뚝에는 먹실로 어떤 사내의 이름이 새겨져 있었다. 기생은 영애의 남편에게 제 마음을 바친다는 표시로 그 문신을 없애버렸다. 그 후 기생은 이 집 사랑채에 머물기도 했고, 밤늦게 귀가한 그녀의 남편은 그곳으로 가서 자기도 했다.

영애는 어수선한 생각을 쫓으려고 이불을 뒤집어쓴다. 잠이 막 들려는 순간, 여해가 칼을 번뜩이며 머리맡에 들어선다. 예전에 있었던 일이 꿈으로 나타난 것이다. 영애는 소스라치며 잠을 깨었다.

은주의 방 쪽에서 이상한 소리가 들린다. 영애는 귀

를 쫑긋 세운다. '저 이상한 소리는 무엇인가? 은주가 흔히 하는 버릇으로 책을 내동댕이치고 이제야 자리에 눕는 게로구나! 조용하지 못하게 몸부림을 치는 모양이 구나!' 그렇게 생각하며 영애는 다시 잠을 청한다.

그때 또 인기척이 들린다. 아무래도 수상하다. 영애는 몇 번 귀를 의심하다가, 마침내 용기를 내어 방밖으로 나선다. 영애의 눈에 너풀너풀 날리는 사내의 흰 바짓가랑이가 들어왔다. 영애는 그 사내가 여해인 것을 직감했다.

사내가 대문을 열려고 한다. 허둥대느라 사내는 대문 밖에 자동차가 도착하는 소리를 듣지 못한다. 대문 옆 조그만한 출입문이 열리면서 누군가가 나타난 것도 알지 못한다. "누구야, 누구야?"

*

누군가가 여해의 뒷덜미에서 소리를 버럭 지른다. 전혀 예상하지 못한, 우레같이 떨어진 이 소리에 도망가던 자는 튕기듯이 몸을 꿈틀했다. 빗장에 대었던 손을 얼른 뗀 사내가 반사적으로 고개를 돌린다.

이 집 주인 박병일이 서 있다. 그는 술에 잔뜩 취해서 외투를 풀어 헤친 채, 가누지 못하는 몸을 운전수의 어깨에 기대고 있다. 도망가던 자가 미처 대답을 하기 전에 박병일의 두 번째 호령이 떨어진다.

"이놈, 누구냐, 누구야?"

운전수가 전등을 꺼내어 여해의 얼굴에 들이대었다. 그제야 도망가던 자는 호령하는 사람이 누구인 줄 대번에 알아차린다. 그의 눈에서는 불길이 확 하고 일어날 듯하다.

"이놈, 누구냐, 누구?"

"김여해다!"

도망가던 자도 소리를 버럭 지른다. 의외로 큰 소리에 놀란 것인지 술취한 이는 비척 한 걸음 뒤로 물러서다가,

"김여해? 김여해?"

하고 뇌며 다시 다가선다. 어깨를 위로 올리고 목고개를 앞으로 길게 늘이며 잘 뜨이지 않는 눈을 겨우 치뜬다.

"김여해? 김여해? 네가 김여해?"

자꾸 되씹으며 바싹바싹 앞으로 대들어 거의 이마가 맞닿을 지경이 되었다.

"그렇다! 그렇다, 내가 김여해다!"

도망가던 자도 지지 않고 맞대꾸를 하며 '잡아먹으려면 잡아먹으라!'는 듯이 얼굴을 쳐들어 보인다. 취한 이는 낯살이 간질간질하도록 도망가던 자의 얼굴을 유심히 들여다보더니 별안간 팔을 번쩍 들어 얼싸안는다. 그가,

"네가 김여해냐, 네가 김여해냐?"
하고 반가워 못 견디겠다는 듯이 자신의 얼굴을 여해의 뺨을 대고 부빈다.
"네가 김여해냐, 네가 김여해냐? 그 몹쓸 고생을 견디어 내었구나 … 으으."
울컥한 듯 우는 시늉을 하던 그가 양복 주머니에서 손수건을 꺼내 한번 탈탈 털어보더니 코를 핑 풀었다.
"자네가 김여해야? 허, 그런 고생을 …."
취한 이는 뚱뚱한 배를 흔들어 흘러 내려가려는 바지를 치켜 입더니 조금 점잖아진다.
"자, 들어가세, 들어가, 응?"
주정꾼이 도망꾼을 잡아끈다. 그는 여해가 새벽녘에 무슨 까닭으로 대문간까지 뛰어나왔는지 조금도 수상쩍어 하지 않았다. 알코올에 녹초가 다 된 그는 그런 것을 따질 만한 정신이 없었다.
운전수는 웬 영문인지 몰라 비켜선 채 어리둥절한 표정을 짓고 있다. (다음 호에 계속)[1]

---

[1] 이 글은 현진건 원작을 요즘 독자가 읽기 쉽도록 바꿔 표기한 문장이므로 연구 대상으로 삼을 수는 없습니다.

赤道

金美庆

[前情提要] 英爱在监狱正门等待如海出狱。男女两人原是恋人关系。但是英爱和另一个有钱的男人结婚了。如海被关进监狱是因为用刀刺了她的丈夫。

一对男女来到英爱的家。她的丈夫甚至答应给如海找工作。如海对巨大的宅邸感到陌生。过了一会儿,英爱三岁的女儿明熙指着如海额头上的疤痕问道:"这是什么?"

这是1919年3月独立万岁运动时发生的事情。如海在阻止日本警察针对英爱的武器时受伤。英爱撕碎了自己的裙子,挡住了流淌的血。如海在这期间留下了疤痕。

英爱在学校读书的小姑子恩珠回家了。恩珠认为如海是英爱的亲哥哥。三个人一直聊到深夜,然后分手,回到各自的房间。

如海辗转难眠。这时英爱也睡不着觉。因为把如海带回家,为他的未来谋划各种事情,这个似乎是一件非常困难的事情。她突然埋怨丈夫没有早点回家。

她的丈夫是国内屈指可数的忙人。她也知道自己的丈夫有多忙。"这都是艺妓明姬的错!"她的丈夫从不招惹妓女。 夫妻之间没有发生爱情的裂缝。但是明姬出现了,甚至到了可以出入这所房子的程度。

那个妓女的手臂上用墨线刻着一个男人的名字。妓女除掉了那个纹身,以示向英爱的丈夫献出自己的心意。此后,妓女也住在这所房子的厢房里,深夜回家的丈夫还去那里睡觉。

英爱为了驱散杂乱的思绪,蒙上了被子。快要入睡的瞬间,如海闪着刀子进入了枕头。以前的事情变成了梦。英爱打了个寒噤。

恩珠的房间那边传来了奇怪的声音。英爱竖起耳朵。'那奇怪的声音是什么?恩珠惯用的习惯就是把书扔掉,现在才躺下!看来是挣扎着不安静啊!'这样想着英爱再次入睡。

这时,那边又传来动静,总觉得令人生疑。英爱几次怀疑自己的耳朵,终于鼓起勇气走出房间。映入英爱眼帘的是翩翩起舞的男子的白色裤腿。英爱凭直觉认为那个男的是如海。

男子要开大门。忙得团团转,男子汉们听不到大门外的汽车驶来。大门旁边的小出入门打开后,不知道有人出现了。"谁呀,谁呀?"

*

有人在如海的后脖子上猛地喊叫。听到这意想不到的雷鸣的声音,逃跑的人像弹跳一样扭动着身子。男子迅速松开拿着插销的手,反射性地转过头来。

这房子的主人朴炳日站着。他喝得烂醉,敞开大衣,把支撑不住的身体靠在司机的肩膀上。在逃跑的人还没来得及回答之前,朴炳日的第二次号令就下达了。

"这家伙, 是谁, 谁?

司机拿出电灯照向如海的脸庞。这时逃跑的人才知道发号施令的人是谁。在他眼中火焰似乎呼地一下就起来了。

"这家伙, 谁呀, 谁?"

"是金如海!"

逃跑的人也大喊大叫。不料被一声巨响下了一跳,醉汉一瘸一拐地后退了一步:"金如海? 金如海?"这样喃喃自语地再次靠近。肩膀向上抬,脖子向前伸长,勉强睁开醉眼朦胧的眼睛。

"金如海? 你是金如海吗?"

反复咀嚼, 紧靠着, 额头几乎碰到了。

"是的!是的, 我就是金如海!"

逃跑的人也不认输, 一边顶嘴一边说着"想吃就吃吧!"醉汉仔细观察了逃跑者的脸,让脸颊发痒, 突然举起胳膊拥抱了他。他高兴得无法忍受似的, 把自己的脸贴在如海的脸颊上揉搓:"你是金如海啊, 你就是金如海吗?

"你是金如海?你就是金如海? 熬过了那段苦头… 额额"

装腔作势般哭着的他从西服口袋掏出手绢, 抖一抖, 鼻子就扑通扑通了.

"你是金如海吗? 咳, 吃那么苦…."

醉汉摇动着肥大的肚子，把要掉下来的裤子往上提了提,就变得文雅些了。

"来，进去吧，进去吧，嗯？"

醉酒者拉扯逃亡者。他丝毫不怀疑如海拂晓时为何跑到大门口。在酒精中筋疲力尽的他,没有精力去计较这些。

司机不知何故，躲在一旁，一幅不知所措的表情。

[下期继续][1]

---

1) 번역 감수(翻译鉴书)：류춘양, 무한대학교 박사생 지도교수 (刘春阳, 武汉大学 博士生导师) / 번역 도움(翻译辅助)：장이, 중국 사천시범대학교 학사, 석사 졸업, 경북대학교 중어중문학과 박사 수료 (张翼, 庆北大学中文系博士课程已修)

Red Road
김해경

Previous story: Young-ae is waiting for Yeo-hae to be released at the main gate of the prison. The two men and women were originally lovers. However, Young-ae married another rich man. Yeo-hae was imprisoned because she stabbed her husband with a knife.

A man and a woman come to Young-ae's house. Her husband even promised to get Yeo-hae a job. Yeo-hae is unfamiliar with the enormous mansion. After a while, Young-ae's three-year-old daughter Myeong-hee picks up the scar on Yeo-hae's forehead. Point and ask, "What is this?"

This happened during the Independence Movement in March 1919. Yeohae was injured while blocking the Japanese police's weapon aimed at Yeong-ae. Yeong-ae tore her skirt to stop the blood flowing. In the process, a scar appeared.

Young-ae's sister-in-law Eun-ju, who had gone to

school, returns home. Eun-ju knows Yeo-hae as Young-ae's older brother. The three talk about various things late at night, and eventually break up and go to their respective rooms.

Yeo-hae was tossing and turning, unable to sleep. At this time, Yeong-ae was also unable to sleep. That was because she felt that bringing Yeo-hae home and deciding to do various things for her future seemed like a very difficult task. Suddenly, she felt resentful of her husband for not coming home early.

Her husband is one of the busiest people in the country. She knows very well how busy her husband is. "It's all the gisaeng Myeong-hwa's fault!" Her husband never touched a gisaeng. There was no room for the couple's love to develop. Then, Myeong-hwa appeared, and he was finally able to enter this house.

On the gisaeng's forearm, a man's name was engraved in ink thread. The gisaeng removed the tattoo as a sign of dedicating her heart to the young lady's husband. After that, the gisaeng stayed in the sarangchae of this house, and returned home late at night. Her husband even went there to sleep.

Young-ae covers herself with a blanket to chase

away her messy thoughts. Just as she was about to fall asleep, Yeo-hae entered the bedside, flashing her sword. What had happened before appeared as a dream. Young-ae woke up in a panic..

A strange sound is heard from Eun-ju's room. Young-ae pricks up her ears. 'What is that strange sound? Eun-joo threw away her book, which is her habit, and now she's lying down! She seems to be struggling to stay quiet!' Thinking like that, Young-ae tried to sleep again.

At that time, she hears someone a sign of human again. It seems suspicious. The young-ae can't believe her ears a few times, but finally gathers the courage to go out of the room. The young-ae catches the sight of a man's white pants fluttering around. The young-ae realizes that the man is Yeo-hae. I had a hunch.

The man is trying to open the gate. In his haste, the man does not hear the sound of a car arriving outside the gate. He does not even notice that the small door next to the gate opens and someone appears. "Who is it, who is it?"

*

Someone shouts from behind Yeohae. This completely unexpected, thunderous sound made the person running away wriggle as if he was jumping. The man quickly removed his hand from the latch and reflexively turned his head.

Park Byeong-il, the owner of this house, is standing there. He is very drunk, his coat is loose, and he is leaning his unsteady body on the driver's shoulder. Before the person who was running away can respond, Park Byeong-il gives a second command.

"Who is this guy? Who is this?"

The driver took out a flashlight and pointed it at Yeohae's face. Only then did the person running away immediately realize who the shouting person was. A fire seemed to burst out in his eyes.

"Who is this guy? Who is this guy?"

"It's Kim Yeo-hae!"

The person who was running away also screamed. Perhaps startled by an unexpectedly loud noise, the drunk person took a step back and then,

"Kim Yeo-hae? Kim Yeo-hae?"

Thinking about this, he approaches again. He raises

his shoulders, extends his neck forward, and barely opens his eyes that are difficult to open.

"Kim Yeo-hae? Kim Yeo-hae? Are you Kim Yeo-hae?"

He chewed again and again and leaned forward so close that their foreheads were almost touching.

"That's right! That's right, I'm Kim Yeo-hae!"

The person who was running away did not give up and fought back, raising his face as if to say, 'If you want to eat him, eat him!' The drunk person looked closely at the face of the person who was running away until his face started tickling, and then suddenly he raised his arms and hugged him.

"Are you Kim Yeo-hae, are you Kim Yeo-hae?"

He is so happy that he presses his face against Yeo-hae's cheek as if he can't stand it anymore.

"Are you Kim Yeo-hae? Are you Kim Yeo-hae? You endured that terrible hardship… Ugh."

He pretended to be upset, took a handkerchief out of his suit pocket, wiped it off, and blew his nose..

"Do you have to do Kim Yeo-ja? Huh, such hardship… ."

The drunk person shakes his fat stomach, puts on his pants that are about to slip down, and becomes a little more polite.

"Now, let's go in, let's go in, okay?"

A drunkard catches a fugitive. He didn't have the slightest suspicion as to why Yeo-hae had run out to the front door in the early morning. He was so exhausted from alcohol that he didn't have the presence of mind to question such a thing.

The driver doesn't know what's going on, so he stands aside and looks puzzled.(Continued in next issue)

<대한제국 의열 독립운동사>를 쓴 이유
명성황후 살해범 처단부터 황현 자결까지

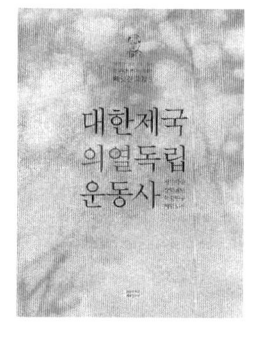

제5차 교육과정 고등학교 국정 국사 교과서는 '1910년대를 대표하는 독립운동단체는 광복회였다'라고 소개했다. 광복회는 대구 달성토성에서 결성되었다. 그러나 달성토성에는 광복회를 소개하는 안내판 하나 없다.

1920년대를 대표하는 의열 독립운동단체는 의열단이었다. 의열단은 대구 은행 직원이던 이종암이 만주로 망명하며 가져간 자금을 활용해 창립되었다. 지사가 군자금을 조달했던 건물은 독립운동사에 남을 만한 유적임에도 불구하고 지난 여름 아파트를 짓는다고 부수어버렸다.

우리의 정신사는 이런 수준인가? 한탄하지 않을 수 없다. 이종암 지사가 운명 직전 잠시 머물렀던 집이 대구 남산동에 허물어지기 직전 상태로 남아 있는데, 생가가 아닌데도 '생가터'라는 안내판이 붙어 있다. 틀렸다고 지적해도 계속 그대로 있다.

우리 국민들은 김구, 안중근, 윤봉길, 유관순 등 유명 독립운동가만 알 뿐 그 외 지사들에 대해서는 거의 관심을 보이지 않는 경향이 있다. 그러다 보니 독립운동 관련 현장들도 무성의하게 관리된다. 앞에 거론한 광복회 창립지와 의열단

유적 등이 참담할 지경으로 홀대받는 현상도 그런 사회 분위기 탓이다.

경술국치 이전의 독립운동사는 더욱 관심 밖에 놓여 있다. 나라가 아직 완전히 망하지는 않은 까닭에 어쩐지 독립운동이 아니라 의병항쟁으로 보여서 그런지도 모른다. 하지만 '국모'가 일본인과 그 하수인 반민족행위자들에게 살해당하는 형편의 국가를 자주독립국으로 자화자찬할 수는 없다.

일제에 강점당한 기간을 늘일 수는 없지만, 사실상의 독립운동에 헌신한 선열들의 피끓는 마음을 잊거나 가벼이 여기는 일은 결코 있어서 안 된다. 그래서 명성황후 시해사건, 즉 을미사변에 적극 가담한 국내인을 처단한 의열투쟁을 이 책의 첫머리로 삼았다.

1903년 11월 24일, 고영근 등 지사들이 일본까지 찾아가 을미사변 중요 범인 중 하나인 우범선을 처단했다. 우범선은 '씨 없는 수박'의 유명한 우장춘의 아버지이다. 굳이 그 사실을 밝히는 것은 반민족행위자를 역사에 더욱 분명하게 아로새기기 위한 조치일 뿐 연좌제의 불합리성을 인식하지 못해서는 아니다. (중략)

졸저를 세상에 내놓는 행위도 주제에 따라서는 지식인의 책무를 일부나마 실천하는 일로 간주되기도 한다. 물론 책의 수준이 낮으니 저자는 언젠가 "가을 등불 아래 책 덮고 옛일을 돌아보며" 본인의 행적에 남몰래 얼굴 붉힐 날과 마주치게 되리라. 책 안에 최대한 많은 선열들의 성함과 활동을 수록했다는 사실로 자위하고 격려하는 도리밖에 없으리라.

독립운동정신 계승과 확산이 목표
<대구 독립운동유적 120곳 답사여행 1, 2, 3>

2018년 대구출판산업지원센터의 지역우수출판콘텐츠 공모에 선정되어 <대구 독립운동유적 100곳 답사여행>을 펴냈는데, 그 졸저가 2019년 대구시 선정 '올해의 책'에도 뽑혔습니다. 여러모로 부족한 책인데도 대구의 독립운동가와 유적지에 관심을 가진 분들께 약간이나마 참고가 되는 저서를 썼다는 보람을 느낀 사건이었습니다.

그 후 시간이 지나면서 출판해둔 책의 여분이 없어져가는 중에, 경상북도 군위군이 대구광역시에 편입되는 사건이 일어났습니다. 자연스레 독립운동 유적의 숫자가 늘어난 것입니다. 게다가 이육사가 17년 동안 살았던 남산동 집과 의열단 부단장 이종암 지사가 독립운동자금을 조달했던 옛 대구은행 건물이 멸실되는 불상사도 일어났습니다. (중략) 그 밖에도 어떤 내용은 좀 더 상세하게 다루어 달라는 주문도 수용해야 했습니다. 예를 들면 '대구 권총 사건', '앞산 안일암 조선국권회복단 창립', '달성토성 광복회 결성', '이상화, 현진건 등 명망가들의 활동' 등이었는데, 고심 끝에 소설 형식으로 해설을 해서 독자의 흥미와 실감을 북돋우려 애를 썼습니다.

그 결과, <대구 독립운동유적 100곳 답사여행>이 본래 360쪽이나 되어 일반 서적으로는 지나치게 두꺼웠는데, 이제 더 부피가 크고 무거운 책이 될 지경이 되어버렸습니다. 어떻게 할까 궁리를 하다가 분권을 하기로 했습니다. 가지고 다니기 적당한 판형과 두께의 책을 선호하는 요즘 유행을 따르기로 한 것입니다.

제 1권은 <대구 독립운동유적 120곳 답사여행 1 - 달서구, 남구 편>, 제 2권은 <대구 독립운동유적 120곳 답사여행 2 - 동구, 북구, 수성구, 달성군 편>, 제 3권은 <대구 독립운동유적 120곳 답사여행 3 - 중구, 군위군 편>입니다.

대구의 많은 독립운동유적지를 다시 답사하였는데, 안타까운 마음은 6년 전이나 별로 다르지 않았습니다. "1910년대에 가장 활발하게 활동한 독립운동단체는 광복회였다(제5차 교육과정 고등학교 국정 국사 교과서)"라는 평가를 받는 광복회 결성지 달성토성에조차 안내판 하나 '여전히' 없었습니다.

(중략) 앞으로는 나아지겠지, 하는 희망을 품고 전면 증보판을 출간합니다. 세 권을 합해서 모두 639쪽이 되었지만, 대구의 독립운동가와 유적지에 관심을 가진 분들에게는 종전보다 좀 더 나은 길라잡이가 될 수 있으리라 삼가 믿습니다.

오른쪽에 판권이 있습니다.